만만하게 시작하는
왕초보 영어 첫걸음_완성편

만만하게 시작하는
왕초보 영어 첫걸음_완성편

2022년 1월 10일 초판 1쇄 인쇄
2024년 2월 25일 초판 5쇄 발행

지은이 이서영
발행인 손건
편집기획 김상배, 장수경
마케팅 최관호, 김재명
디자인 박민주
제작 최승용
인쇄 선경프린테크

발행처 *LanCom* 랭컴
주소 서울시 영등포구 영등포동4가 146-5, 3층
등록번호 제 312-2006-00060호
전화 02) 2636-0895
팩스 02) 2636-0896
홈페이지 www.lancom.co.kr
이메일 elancom@naver.com

ⓒ 랭컴 2022
ISBN 979-11-92199-05-4 13740

기본부터 탄탄하게 독학으로 완성하는 영어 첫걸음의 모든 것

만만하게
시작하는

이서영 지음

왕초보
영어 완성편
첫걸음

LanCom
Language & Communication

'어떻게 하면 영어를 잘할 수 있을까?' 라는 고민은 어른 아이 할 것 없이 21세기를 살아가는 사람들에게 있어 공통되는 것이 아닐까 싶습니다. 물론 영어를 잘하고 싶은 이유는 상황에 따라 취업, 유학, 비즈니스 등의 여러 다른 목적이 있을 수 있습니다. 하지만 넘쳐나는 책들 속에서 무엇을 선택해, 어떻게 공부할지를 결정하기란 쉬운 일이 아닙니다. 그럴수록 자신의 영어 수준을 잘 파악하고 공부의 목적을 뚜렷이 해야 합니다.

이 책은 영어 공부를 한지 너무 오래되어 새로 시작하려는 분들, 꼭 필요한 기본적인 표현들을 배우고자 하는 성인 분들을 위한 기초 영어 교재입니다.

알파벳부터 시작하는 완전 초급의 수준은 아니지만, 영어의 기본기를 다시 세우고자 하는 분들을 위해 중학교 1학년의 수준의 기초 영어부터 시작하여 일상생활에서 많이 사용되는 회화와 문법 위주로 구성을 하였습니다.

영어 공부에는 왕도가 없지만 더 효율적인 방법은 분명히 있습니다.

> **첫째, 반복 연습을 통해 표현을 통째로 외우는 것입니다.**

암기식 공부 방법에는 단점도 있지만 외국어 공부에서 암기와 반복 연습은 누구도 부정할 수 없는 필수 과정입니다. 누가 더 영어를 잘하느냐는 누가 그 상황에 적절한 표현을 더 많이 외웠느냐하는 문제와 직결됩니다. 무료로 제공하는 녹음을 들으면서 반복해서 연습하고 외워보세요!

> 둘째, 외운 영어 표현을 실제로 활용할 수 있는 기회를 스스로 만들어 보는 것입니다.

꼭 외국인이 아니어도 친구나 직장동료와 함께, 또는 가족과 함께 영어를 연습하는 시간을 정해 놓고 규칙적으로 꾸준히 연습해보세요. 한 가지 꼭 기억해야 할 것은 잘 못하는 것과 실수하는 것을 두려워하지 않는 것입니다. 우리말이 아닌 다른 나라의 언어를 하는데 실수를 하지 않는다면 그것이 더 이상한 거죠.

> 셋째, 언어는 자신감입니다.

마찬가지로 영어 공부에서 가장 중요한 것은 '나도 영어를 정복할 수 있다!'는 자신감입니다. 영어를 정복하는 것은 불가능한 일이 아닙니다. 그리고 영어를 공부하는 때는 정해져 있지 않습니다. 오히려 내가 영어의 필요성을 절실히 느끼고 자신감 있게 도전하는 그 때가 가장 최적의 때라고 생각합니다.

이제 다시 영어 공부에 도전하는 여러분을 응원하며, 여러분의 목표를 이루는데 이 책이 단단한 디딤돌이 되어 주기를 간절히 바랍니다.

You can do it!

Part 03

명령문과 감탄문

Part 04
시간 표현

Part 05

존재의 표현

CONTENTS �011

Part 01

일반동사_1

Unit 01 ▶ I like English.

 STEP 1 녹음을 듣고 소리내어 읽어보세요.

A **Do you have an English class today?**

B **Yes, I do. I like English.**

   Do you like English?

A **No, I don't. I don't like it very much.**

B **Do you like math?**

A **Yes, I do. I like it very much.**

 STEP 2 이것만은 꼭 알아두세요.

I like English. Do you like English?

▶ have 동사 문장과 일반동사 문장을 비교해 봅시다.

	I	have	an English class	today	.
Do	you	have	an English class	today	?

	I	like	English	.
Do	you	like	English	?

▶ like와 같은 모든 일반동사들은 have와 같이 do를 사용해서 의문문을 만듭니다. 말끝을 올려서 말하는 것도 마찬가지입니다.

No, I don't. I don't like it very much.

▶ 부정대답, 부정문 만드는 것도 have동사와 같습니다.

18

나는 영어를 좋아합니다.

A 오늘 영어 수업 있나요?

B 네. 나는 영어를 좋아합니다.

　　당신은 영어를 좋아하나요?

A 아뇨. 그다지 좋아하지 않아요.

B 수학은 좋아하나요?

A 네. 아주 좋아해요.

> **New Words**
>
> like [laik] 좋아하다
>
> much [mʌtʃ] 매우
>
> very much [véri mʌtʃ]
> 매우, 대단히

▶ not ~ very much는 '그다지 ~않다'의 뜻을 나타냅니다.

▶ it은 English를 받아 '그것을'을 나타냅니다.

Yes, I do. I like it very much.

▶ 긍정대답도 have 동사의 경우와 같습니다.

🔊 **STEP 3** ▷ 연습하기

주어진 조건에 맞게 〈문형연습〉을 해봅시다.

I like English.

1. Do you　　　3. math

2. Yes　　　　4. No

Unit 02 > Do you know her?

 STEP 1 > 녹음을 듣고 소리내어 읽어보세요.

A **Do you know that tall boy?**

B **Yes. That's George. I know him very well.**

A **Do you know that pretty girl?**

B **No, I don't know her. Do you know her?**

A **Yes. Her name is Emily.**

 STEP 2 > 이것만은 꼭 알아두세요.

Do you know that tall boy?

▶ know도 like와 같은 일반동사입니다. 일반동사는 모두 do를 사용해서 의문문을 만들며 대답할 때도 do를 씁니다.

Yes.

▶ 완전응답은 Yes, I do. I know him입니다.

I know him very well.

▶ him은 that tall boy 즉, George를 받고 있으며 '그를'이라는 의미입니다.

I	know	that tall boy = George	very well	.
I	know	him	very well	.

▶ 이와 같이 '~를(을)'을 나타내는 말을 동사의 목적어라 하고 그것을 나타내는 형태를 목적격이

당신은 그녀를 아나요?

A 당신은 저 키가 큰 남자아이를 아나요?

B 네. 조지예요. 난 그를 잘 알아요.

A 당신은 저 예쁜 여자아이를 아나요?

B 아뇨, 몰라요. 당신은 그녀를 아세요?

A 네. 그녀의 이름은 에밀리예요.

> **New Words**
>
> **know** [nou] 알다
>
> **George** [ʤɔːrʤ] 조지 〈남자 이름〉
>
> **him** [him] 그를
>
> **well** [wel] 잘, 충분히
>
> **very well** [véri wel] 매우 잘
>
> **her** [həːr] 그녀를

라 합니다. him은 he의 목적격입니다.

No, I don't know her. Do you know her?

▶ her는 that pretty girl을 받는 '그녀를'을 의미하는 she의 목적격입니다.

주격	소유격	목적격
he 그는	his 그의	him 그를
she 그녀는	her 그녀의	her 그녀를

STEP 3 연습하기

주어진 조건에 맞게 〈문형연습〉을 해 봅시다.

I know that tall boy.

1. Do you?

2. Yes

3. that tall girl?

4. No

Unit 03 ▶ What subject do you study hard?

A Do you like English?

B Yes, I do. I study it very hard every day.

A I don't study English very hard.

B What subject do you study hard?

A I study science hard.

✔ STEP 2 ▷ 이것만은 꼭 알아두세요.

I study it very hard every day.

▶ it은 English를 받아 '그것을'이라는 의미를 나타내는 목적격입니다.

▶ very hard는 '매우 열심히', every day는 '매일'을 뜻하며 모두 study를 수식하고 있습니다.
 이와 같이 부사가 둘 이상 함께 올 때는 보통 '때'를 나타내는 부사가 제일 뒤에 놓입니다.

I don't study English very hard.

▶ not ~ very hard는 '그다지 열심히 ~하지 않다'라는 뜻을 나타냅니다.

What subject do you study hard?

▶ 의문사는 문장의 첫머리에 오며 의문사가 있는 의문문은 하강조의 인토네이션입니다.

당신은 무슨 과목을 열심히 공부하세요?

A 당신은 영어를 좋아하나요?

B 네. 매일 열심히 공부하고 있어요.

A 나는 영어를 그다지 열심히 공부하지 않아요.

B 당신은 무슨 과목을 열심히 공부하세요?

A 과학을 열심히 공부하고 있어요.

● **New Words**

study [stʌ́di] 공부하다

hard [hɑ́ːɾd] 열심히

every day [évri: dei] 매일

subject [sʌ́bdʒik] 학과, 과목

science [sáiəns] 과학

		I	study	science	hard	.
	Do	you	study	science	hard	?
What subject	do	you	study	what subject	hard	?

📢 **STEP 3** 연습하기

주어진 조건에 맞게 〈문형연습〉을 해봅시다.

I study English every day.

1. Do you?
2. Yes
3. math?
4. No
5. What?
6. English

Unit 04 › **They speak English.**

 STEP 1 › 녹음을 듣고 소리내어 읽어보세요.

A **Do you know those two people?**

B **No, I don't. Do you know them?**

A **Yes. They're Paul's parents.**

B **Are they Americans?**

A **No, they're Canadians.**

B **What language do they speak?**

A **They speak English. It's their native language.**

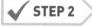 **STEP 2** › 이것만은 꼭 알아두세요.

Do you know them?

▶ them은 앞 문장의 those two people을 받아 '그들을'이라는 의미로 대명사 they의 목적격 입니다.

▶ 3인칭 대명사

주격	소유격	목적격
he	his	him
she	her	her
it	its	it
they	their	them

What language do they speak?

▶ 이 문장이 어떻게 되어 있는지 살펴봅시다.

그들은 영어로 말해요.

A 저 두 사람을 아세요?

B 아뇨. 당신은 그들을 아세요?

A 네. 폴의 부모님이세요.

B 미국 사람인가요?

A 아뇨, 캐나다 사람이에요.

B 무슨 언어를 말하나요?

A 영어로 말해요. 영어가 그들의 모국어예요.

● **New Words**

them[ðem] 그들을

Paul [pɔːl] 폴 〈남자 이름〉

Canadian [kənéidiən] 캐나다인

language [lǽŋgwidʒ] 말, 언어

native language

[néitiv lǽŋgwidʒ] 모국어

speak [spiːk] 말하다

		They	speak	English	.
	Do	they	speak	English	?
				what language	
What language	do	they	speak		?

They speak English.

▶ English가 대답의 중심이므로 강한 강세를 두고 말합니다.

◀ **STEP 3** 연습하기

주어진 조건에 맞게 〈문형연습〉을 해봅시다.

They speak English.

1. Do they?　　　2. Yes　　　3. Korean?

4. No　　　5. What language?　　6. English

Unit 05 › Do you want a sandwich?

 STEP 1 › 녹음을 듣고 소리내어 읽어보세요.

A It's lunch time, Sun-hee.

Do you want a sandwich?

B No, I don't.

Do you usually have a sandwich for lunch?

A Yes. What do you usually have for lunch?

B I usually have a hamburger.

But I don't want one today. I'm not hungry today.

✓ STEP 2 › 이것만은 꼭 알아두세요.

It's lunch time.

▶ 여기서 it은 시간을 나타낼 때 사용하는 비인칭 주어 it으로 특별히 받고 있는 것은 없습니다.

Do you want a sandwich?

▶ '샌드위치를 원합니까?'는 '먹고 싶은가?'라는 의미입니다.

▶ sandwich는 ham sandwich, egg(달걀) sandwich, cheese(치즈), sandwich 등 종류가 많아서 가게에서 주문을 할 때는 종류를 말해야 합니다.

Do you usually have a sandwich for lunch?

▶ 여기서는 have가 '가지고 있다'가 아니라 '먹다'라는 의미로 쓰이고 있습니다.

▶ have가 '가지고 있다'라는 의미일 때는 현재의 상태를 나타내지만, '먹다'라는 의미를 나타낼 때는 동작을 나타냅니다. 일반적으로 동작을 나타내는 동사의 단순현재형은 항상 반복되는 습관을 나타냅니다. 이 문장에서는 '대개'라는 의미의 usually가 들어 있지만 없어도 같은 의

샌드위치 먹고 싶어요?

A 점심시간이에요, 선희. 샌드위치 먹고 싶어요?

B 아뇨.

당신은 점심으로 항상 샌드위치를 먹나요?

A 네. 당신은 점심으로 대개 무얼 먹죠?

B 저는 대개 햄버거를 먹어요.

그런데 오늘은 먹고 싶지 않아요. 배가 고프지 않거

든요.

● **New Words**

lunch [lʌntʃ] 점심
time [taim] 시, 시간
lunch time [lʌntʃ taim] 점심시간
want [wɔ(ː)nt] ~하고 싶다
sandwich [sǽndwitʃ] 샌드위치
usually [júːʒluəli] 보통, 늘
have [hæv] 먹다, 마시다
hamburger [hǽmbə̀ːrgər]
햄버거
hungry [hʌ́ŋgri] 배고픈
ham [hæm] 햄

미가 됩니다.

▶ lunch에는 관사가 붙지 않습니다. 일반적으로 식사를 나타내는 말은 무관사입니다.
breakfast(아침식사), dinner(저녁식사)

 STEP 3 연습하기

주어진 조건에 맞게 《문형연습》을 해봅시다.

I usually have a hamburger for lunch.

1. Do you?
2. Yes
3. a ham sandwich?
4. No
5. What?
6. a hamburger

Point 1 일반동사란?

동작이나 상태를 나타내는 말을 동사라고 합니다. 일반동사란 be동사와 have동사를 제외한 모든 동사를 말합니다. 즉, go, come, like, hate, drink, eat 등 우리가 일상적으로 사용하는 동사는 거의 모두 일반동사입니다. be동사는 존재, 동일함을 의미하는 반면, 일반동사는 주어의 동작이나 상태, 성질 등을 나타내며 문장 속에서 be동사나 have동사와 같은 위치에 옵니다.

I	am	a student.
I	have	a bicycle.
I	like	English.

위의 영문을 비교해 봅시다. 문장 속에서 일반동사의 위치는 be동사, have동사와 같습니다.

일반동사는 의문형과 그 대답, 그리고 부정형을 만들 때 have동사와 같이 do를 사용합니다.

Do you **like** English?　　　　영어를 좋아하니?
- Yes, I **do**. I like it very much.　　그래. 나는 영어를 매우 좋아해.
Do you **know** that tall boy?　　저 키가 큰 남자아이를 알고 있니?
- No, I **don't**. I **don't know** him.　아니, 나는 그를 몰라.

1. 일반동사의 현재형

일반동사가 현재시제의 3인칭 단수인 경우에는 s / es를 붙여 3인칭 단수형으로 나타내고, 그 밖의 경우는 인칭과 수에 관계없이 모두 원형을 사용합니다.

He likes baseball.　　　　그는 야구를 좋아한다.
She plays the cello.　　　　그녀는 첼로를 연주한다.
They eat up all the food.　그들은 음식을 다 먹어 치운다.

2. 일반동사의 의문형

일반동사의 의문형은 조동사 **do**를 이용하여 〈Do[Does / Did] + 주어 + 동사원형 ~〉의 형태로 쓰며 대답 역시 조동사 **do**를 이용해 나타냅니다.

Do you like baseball?   야구 좋아하니?
Yes, I do.   응, 좋아해. / **No, I don't.**   아니, 좋아하지 않아.
Does she play the cello?   그녀는 첼로를 연주하니?
Yes, she does.   응, 연주해. / **No, she doesn't.**   아니, 그렇지 않아.

3. 일반동사의 부정형

일반동사의 부정형 역시 조동사 **do**를 이용하여 〈do[does/did] + not + 동사원형〉의 형태로 나타내며 주어가 3인칭 단수면 **doesn't**, 과거형이면 **didn't**를 사용합니다.

He doesn't like baseball.   그는 야구를 좋아하지 않는다.
She doesn't play the cello.   그녀는 첼로를 연주하지 않는다.
They don't eat up all the food.   그들은 음식을 다 먹지 않는다.

Point 2 대명사의 목적격 him, her, them, it

him, her, them, it을 대명사의 목적격이라고 합니다. 목적격이란 목적어가 될 때 사용되는 형태를 말하는데 목적어란 우리말의 '~를(을)'이 붙는 말로 생각하면 됩니다.

Do you know that boy?   당신은 저 남자아이를 아나요?

라는 문장에서 **that boy**는 '저 남자아이를'을 나타내고 **know**라는 동사의 목적어입니다. 따라서 위의 문장과 같이 명사가 목적어인 경우 형태상의 변화는 없지만 인칭대명사가 목적어가 되는 경우에는 목적격으로 형태가 바뀌게 됩니다.

'그를'은 him, '그녀를'은 her, '그들을'은 them, '그것을'은 it으로 바뀌며 3인칭 대명사의 형태 변화를 표로 만들어 보면 다음과 같습니다.

	단수			복수		
	주격	소유격	목적격	주격	소유격	목적격
3인칭	he	his	him	they	their	them
	she	her	her			
	it	its	it			

주격은 주어가 되는 형태로 우리말의 '~가, ~이, ~은(는)'에 해당하고, 소유격은 '~의'와 같이 소유관계 등을 나타내는 형태이며, 목적격은 위에서 설명한 것처럼 '~를(을)'을 나타내는 형태입니다. 이들 대명사의 형태 변화를 보고 알 수 있는 것은 he, they는 3가지 모두 형태가 변하지만 he는 소유격과 목적격이, it은 주격과 목적격이 같은 형태입니다.

'그들은 그녀를 안다.'는

They know **her**.

처럼 '그들은'의 위치에 주격 they를 사용하고 '그녀를'의 위치에 목적격 her를 사용하듯이 형태를 구별해서 써야 합니다. 좀 더 예를 들어 봅시다.

(예) **I** know **them**. 나는 그들을 안다.
Do **they** know **him**? 그들은 그를 알고 있습니까?
I don't know **her** name. 나는 그녀의 이름을 모릅니다.

이와 같이 격에 따른 형태의 변화는 여러 문장을 반복 연습해서 문장 속에서 쓰인 대로 외우는 것이 가장 좋습니다. 처음부터 표를 보고 외우려고 하지 말고 어느 정도 문장 속에서 외우고 나서 체계적으로 정리하기 위해 표를 이용하는 것이 효과적입니다.

Point
3

what을 이용한 의문문

일반동사 문장을 what을 사용해서 의문문으로 만드는 방법은 have동사 문장을 what의문문으로 만드는 방법과 같습니다. 예를 들어 봅시다.

I like English. <small>나는 영어를 좋아한다.</small>

라는 문장을 '당신은 무슨 과목을 좋아합니까?'라는 의문문으로 만들려면 우선

Do you like English?

라는 보통의문문을 생각할 수 있습니다. 다음에 English를 '무슨 과목' 즉, what subject로 바꾸는데 의문사는 문두에 와야 하므로

What subject do you like?

라는 의문형이 만들어집니다.

대답에는 yes, no를 사용하지 않고

I like science.

또는

I like English.

등으로 대답합니다.

1 다음 영어를 우리말로 옮기세요.

① I like English.

② I know that tall girl.

③ Do you study English everyday?

④ They speak English.

2 다음을 의문문으로 바꾸고 (   ) 속의 지시에 따라 대답해 봅시다.

① I know George. (Yes)

② I study math very hard. (Yes)

③ I like science. (No)

④ They speak Korean. (No)

3 다음의 굵게 표시된 부분을 what 의문문으로 만들고 대답해 봅시다.

① I study **English** hard.

② I like **science**.

③ They speak **English and Korean**.

④ I usually have **a sandwich** for lunch.

4 보기와 같이 밑줄 친 명사를 대명사로 바꾸어 부정문을 만들어 봅시다.

======== | 보기 | ========

I know <u>George.</u> → I don't know <u>him.</u>

① I study <u>science</u> hard.

② You know <u>George and Emily</u> very well.

③ They know <u>that pretty girl</u>.

④ I know <u>Mr. and Mrs. Green</u>.

일반동사_2

Unit 01 > He plays the flute.

 STEP 1 > 녹음을 듣고 소리내어 읽어보세요.

A **My sister plays the piano very well.**

B **Does your mother play the piano, too?**

A **Yes, she does. But she doesn't play it very well.**

B **Does your brother play the violin?**

A **No, he doesn't. He doesn't play the violin.**

He plays the flute.

✔ **STEP 2** > 이것만은 꼭 알아두세요.

My sister plays the piano very well.

▶ 주어가 3인칭 단수(my sister, Bill, your mother 등의 명사나 he, she, it 등의 대명사)일 때는 동사의 어미에 [-s] 또는 [-z](표기할 때는 -s 또는 -es)를 붙입니다. 발음은 앞이 무성음이면 [-s], 유성음이면 [-z]가 되는데 복수형 또는 소유격 어미의 발음법과 같습니다.

I	play	the piano	.
You	play	the piano	.
My sister She	plays	the piano	.

▶ '~을 연주하다'의 악기이름 앞에는 **the**를 붙입니다.

▶ 참고로 '~운동을 하다'라고 **play**를 스포츠와 함께 쓸 때는 **the**를 붙이지 않습니다.

　　play soccer　　play baseball　　play golf

Does your mother play the piano, too?

그는 플루트를 연주합니다.

A 제 여동생은 피아노 연주를 아주 잘해요.

B 어머니도 피아노를 연주하시나요?

A 네. 그런데 어머니는 그다지 능숙하진 않으세요.

B 형은 바이올린을 연주하나요?

A 아뇨. 형은 바이올린을 연주하지 않아요.

플루트를 연주합니다.

> **New Words**
>
> **play** [plei] 악기를 치다, 불다, 연주하다
>
> **well** [wel] 잘, 능숙히
>
> **flute** [fluːt] 플루트

▶ 주어가 3인칭 단수인 문장을 의문문으로 만들 때에는 **have**동사의 경우와 같이 **does**를 쓰며 **does**를 이용하면 동사의 -s는 없어집니다.

	My mother	plays	the piano	.
Does	your mother	play	the piano	?

She doesn't play it very well.

▶ 주어가 3인칭 단수인 문장을 부정문으로 만들 때에는 **does not**을 씁니다.
▶ **doesn't**는 **does not**의 단축형으로 이 문장에서 it은 piano를 가리킵니다.

STEP 3 연습하기

주어진 조건에 맞게 〈문형연습〉을 해봅시다.

My sister plays the piano.

1. Does your sister?   2. Yes   3. the violin?   4. No

Unit 02   Do you go to senior high school, Bill?

 STEP 1   녹음을 듣고 소리내어 읽어보세요.

A **Do you go to senior high school, Bill?**

B **Yes. Do you go to senior high school, too?**

A **Yes. Who is that?**

B **That's my little sister. Her name is Susie.**

A **Does she go to school?**

B **Yes, she does. She goes to elementary school.**

 STEP 2   이것만은 꼭 알아두세요.

Do you go to senior high school?

▶ go to senior high school은 'senior high school에 다니고 있다'는 습관적 동작을 나타냅니다. 즉, 이 문장은 Are you a senior high school student?와 같은 의미로 '지금 학교에 가는 중'이라는 의미가 아니므로 주의해야 합니다.

▶ '통학하다'라는 뜻일 때는 senior high school에 관사를 붙이지 않습니다.

▶ go는 지금까지 배운 동사와는 달리 '~을'이라는 목적어를 취하지 않으며 일반적으로 목적어를 취하는 동사를 타동사, go와 같이 목적어를 취하지 않는 동사를 자동사라고 합니다.

Does she go to school?

▶ 3인칭 단수가 주어인 문장이므로 does를 사용해서 의문문을 만듭니다.

▶ go to school은 '학교에 다니다, 학생이다'라는 의미로 이 경우 school은 학교 건물은 아니고 '수업'이라는 의미입니다. 이 때는 school에 관사가 붙지 않습니다.

당신은 고등학생인가요, 빌?

A 당신은 고등학생인가요, 빌?

B 네. 당신도 고등학생인가요?

A 네. 저 사람은 누구죠?

B 제 여동생이에요. 이름은 수지입니다.

A 그녀도 학교에 다니나요?

B 네. 초등학교에 다니고 있어요.

● New Words

go [gou] 가다, 다니다

elementary school
[èləméntəri skuːl] 초등학교

to [tu] ~에, ~로

Susie [suːzi] 수지 〈여자 이름〉

She goes to elementary school.

▶ go to elementary school은 '초등학교에 다니다, 초등학생이다'라는 의미로 elementary school에 관사가 붙지 않은 것은 high school 또는 school의 경우와 같은 이유에서입니다.

▶ goes는 go의 3인칭 단수형으로 -s가 아닌 -es를 붙이며 발음은 [gouz]입니다.

🔊 **STEP 3** 연습하기

주어진 조건에 맞게 〈문형연습〉을 해봅시다.

My little sister goes to elementary school.

1. Does your little sister?   3. senior high school?

2. Yes   4. No

Unit 03 What sports do you play, Chan-ho?

 STEP 1 녹음을 듣고 소리내어 읽어보세요.

A **What sports do you play, Chan-ho?**

B **I play baseball.**

A **Does your father play baseball, too?**

B **No, he doesn't. He doesn't play baseball.**

A **What does he play?**

B **He plays golf.**

 STEP 2 이것만은 꼭 알아두세요.

What sports do you play?

▶ play는 '운동을 하다'라는 의미입니다.

▶ sports는 sport의 복수형입니다.

▶ 이 문장은 지금 현재 하고 있는 것이 아니라 '평소에' 어떤 스포츠를 하는지를 묻고 있는 것입니다.

Does your father play baseball, too?

▶ your father는 he로 바꿀 수 있으므로 3인칭 단수로 your라는 말에 현혹되어 2인칭으로 착각하지 않도록 주의해야 합니다.

▶ baseball처럼 스포츠를 나타내는 말에는 the를 붙이지 않습니다.

What does he play?

▶ 이 의문문이 어떻게 구성되는지를 도표로 확인해 봅시다.

무슨 운동을 하나요, 찬호?

A 무슨 운동을 하나요, 찬호?

B 야구를 해요.

A 아버지도 야구를 하시나요?

B 아뇨. 아버지는 야구를 하지 않으세요.

A 아버지는 무슨 운동을 하시나요?

B 골프를 하세요.

● **New Words**

sport [spɔːrt] 스포츠, 운동

play [plei] 운동을 하다

baseball [béisbɔ̀l] 야구

golf [gɑlf, gɔ(ː)lf] 골프

		He	plays	golf	
	Does	he	play	golf	?
What	does	he	play	*what*	?

🔊 **STEP 3** 〉 연습하기

주어진 조건에 맞게 〈문형연습〉을 해봅시다.

My father plays golf.

1. Does your father?
2. Yes
3. baseball?
4. No
5. What?
6. golf

Unit 04 ▶ What do you do on Sundays?

 STEP 1 녹음을 듣고 소리내어 읽어보세요.

A **What do you do on Sundays?**

B **I clean my room in the morning, and I play with my friends in the afternoon.**

A **What does your father do on Sundays?**

B **He usually plays golf. But sometimes he takes us on a picnic.**

 STEP 2 이것만은 꼭 알아두세요.

What do you do on Sundays?

▶ 뒤의 do는 '하다, 행하다'라는 의미의 일반동사입니다.

▶ on Sundays는 '일요일마다, 매 일요일에'의 뜻으로 이처럼 on은 특정한 날을 나타내는 전치사로서 쓰일 수 있으며 요일명은 복수형으로 합니다.

I play with my friends in the afternoon.

▶ 여기서 play (놀다)는 목적어를 취하지 않는 자동사로 쓰이고 있습니다.

But sometimes he takes us on a picnic.

▶ us(우리를)는 we의 목적격입니다.

1인칭 복수 대명사

주격	소유격	목적격	소유대명사
we	our	us	ours

40

당신은 일요일에 무엇을 하나요?

A 당신은 일요일에 무엇을 하나요?

B 오전에는 방을 청소하고 오후에는 친구들과 놀아요.

A 아버지는 일요일에 무엇을 하시나요?

B 보통 골프를 하시죠. 그러나 때때로 우리를 소풍에

데리고 가세요.

● New Words

clean [kliːn] 청소하다
in the morning 오전에
play [plei] 놀다
with [wið] ~와 함께
in the afternoon 오후에
sometimes [sʌ́mtàimz] 때때로
take [teik] 데리고 가다
us [ʌs] 우리를
picnic [píknik] 피크닉, 소풍

▶ sometimes는 '때때로'라는 부사로

He sometimes takes us on a picnic. 라는 문장을

He takes us on a picnic sometimes.와 같은 어순으로 하는 것도 가능합니다.

▶ 여기서 on a picnic는 전치사로 시작하는 구입니다. 그밖에 on Sundays, in the morning, with my friends, in the afternoon 등도 전치사로 시작하는 구이므로 잘 기억해 두세요.

🔊 STEP 3 연습하기

주어진 조건에 맞게 〈문형연습〉을 해봅시다.

I clean my room on Sundays.

1. Do you?   2. Yes   3. play golf?
4. No   5. do what?   6. clean my room

Unit 05 ▶ Who reads all these books?

 STEP 1 녹음을 듣고 소리내어 읽어보세요.

A **You have a lot of books.**
   Who reads all these books?
B **My father does. He reads every night.**
A **Is that your family car?**
B **Yes.**
A **Who drives it?**
B **My brother. My father doesn't have a driver's license.**

✔ **STEP 2** 이것만은 꼭 알아두세요.

Who reads all these books?

Your father	reads	all these books	.	〈평서문〉
Who	reads	all these books	?	〈의문문〉

▶ 평서문의 **your father**가 **who**로 바뀌어 의문문이 되었습니다. 이와 같이 주어가 의문사일 때에는 **do** 또는 **does**를 쓸 수 없습니다.

▶ **all these books**의 어순에 주의하고 **all**은 맨 앞에 옵니다.

My father does.

▶ **does**는 **reads**를 대신하기 때문에 My father reads.라는 대답은 어색한 표현입니다.

He reads every night.

▶ 이 문장의 **read**는 '독서하다'라는 자동사입니다.

누가 이 모든 책을 읽습니까?

A 책을 많이 가지고 있군요.

  누가 이 모든 책들을 읽습니까?

B 아버지입니다. 아버지는 매일 밤 독서를 하세요.

A 저것은 당신 집 자동차입니까?

B 그렇습니다.

A 누가 운전하세요?

B 형입니다.

  아버지는 운전면허를 갖고 계시지 않아요.

> ● **New Words**

> **read** [riːd] 읽다, 독서하다
>
> **all** [ɔːl] 모두, 전부
>
> **night** [nait] 밤, 저녁
>
> **family** [fǽməli] 가족
>
> **family car** [fǽməli kɑːr] 가족 차
>
> **drive** [draiv] 차를 운전하다
>
> **drive's license**
>
> [dráivərz láisəns] 운전면허증

▶ every는 '모든'이라는 복수의 개념이지만 영어에서는 단수로 취급하며 every 다음에는 단수 명사가 옵니다. every 뒤에 두 개의 명사가 와도 단수 취급합니다.

Every boy and girl **likes** ice cream. 모든 소년 소녀가 아이스크림을 좋아한다.

My brother.

▶ My brother does. / My brother drives it.이라고 대답할 수도 있습니다.

 STEP 3 연습하기

주어진 조건에 맞게 〈문형연습〉을 해봅시다.

My father reads every night.

1. Does your father?	2. Yes	3. Does your
4. No	5. Who?	6. my father

Unit 06 ▶ What does he teach?

 STEP 1 녹음을 듣고 소리내어 읽어보세요.

A **Who is that man?**

B **That's Mr. Miles. He teaches at our school.**

A **Is he an American?**

B **Yes, he is.**

A **What does he teach?**

B **He teaches English.**
Who teaches English at your school?

A **Mr. Lee and Miss Kim.**

✓ **STEP 2** 이것만은 꼭 알아두세요.

He teaches at our school.

▶ teach는 '가르치다'라는 의미의 자동사(목적어를 수반하지 않는 동사)입니다.

▶ teach의 3인칭 단수형은 -es를 붙이고 [tíːtʃiz]로 발음하며 일반적으로 [s, z, ʃ, ʒ, tʃ, dʒ]로 끝나는 동사는 [-iz]로 발음됩니다.

▶ 철자가 -e로 끝나지 않은 단어에는 -es를 붙이며 이것은 복수형을 만드는 것과 같습니다.

What does he teach?

▶ 이 teach는 '~을 가르치다'라는 타동사(목적어를 취하는 동사)로 이 문장에서는 의문사 what이 목적어입니다.

		He	teaches	English	.
What	does	he	teach		?

44

그는 무엇을 가르치죠?

A 저 분은 누구세요?

B 마일즈 선생님입니다. 우리 학교에서 가르치십니다.

A 미국 사람인가요?

B 그래요.

A 무엇을 가르치죠?

B 영어를 가르쳐요.

   당신 학교에서는 누가 영어를 가르치나요?

A 이 선생님과 김 선생님이십니다.

● **New Words**

Miles [mailz] 마일즈 〈성〉

teach [tiːtʃ] 학과를 가르치다

at [æt] 어떤 장소에서

Miss [mis] ~선생님, ~양
*일반적으로 미혼 여성에게 붙이는 경칭이다

Mr. Lee and Miss Kim.

▶ 뒤에 teach English at our school이 생략되어 있습니다.

▶ Mr., Mrs., Miss는 성 앞에 붙입니다. 따라서 Miss Mary, Miss Sun-hee라고는 하지 않으며,
Miss는 .(피어리어드)를 붙이지 않는 점에 주의하세요.

 STEP 3 연습하기

주어진 조건에 맞게 〈문형연습〉을 해봅시다.

Mr. Miles teaches English at our school.

1. Does Mr. Miles?   4. No

2. Yes   5. What?

3. science?   6. English

Unit 07

How do you come to school, Sun-hee?

 STEP 1 녹음을 듣고 소리내어 읽어보세요.

A **Hello, Chul-su.**

B **Hi, Sun-hee.**

A **Do you come to school by bus?**

B **No, I come by subway.**

How do you come to school, Sun-hee?

A **I walk.**

✔ **STEP 2** 이것만은 꼭 알아두세요.

Do you come to school by bus?

▶ come은 '오다'라는 자동사로 go '가다'와 반대 의미를 가진 말입니다.

▶ by bus는 '버스로'처럼 교통수단을 by로 말할 때는 관사 a나 the를 붙이지 않습니다.

▶ 단순현재형(come)을 사용하고 있으므로 평소의 습관을 묻고 있습니다.

How do you come to school?

▶ how는 방법·수단 등을 묻는 의문사입니다. 이 의문문이 어떻게 되어 있는지 살펴봅시다.

		I	come	to school	by train	.
	Do	you	come	to school	by train	?
					↓ how	
How	do	you	come	to school		?

당신은 학교에 어떻게 오나요, 선희?

A 안녕, 철수.

B 안녕, 선희.

A 학교에는 버스를 타고 오나요?

B 아뇨, 지하철을 타고 와요.

   당신은 학교에 어떻게 오나요, 선희?

B 걸어서 와요.

New Words

come [kʌm] 오다

by [bai] ~로, ~에 의해
〈도구, 수단〉

bus [bʌs] 버스

subway [sʌ́bwei] 지하철

walk [wɔːk] 걷다

how [hau] 어떤 방법으로, 어떻게
〈의문사〉

I walk.

▶ walk는 '걷다, 걸어서 오다'라는 뜻으로 자동사입니다.

▶ 이 문장에서는 walk만 강한 강세로 말합니다.

STEP 3 연습하기

주어진 조건에 맞게 〈문형연습〉을 해봅시다.

I come to school by subway.

1. Do you?
2. Yes
3. by bus?

4. No
5. How?
6. by subway

Unit 08 ▷ Where do you live, Jane?

 STEP 1 녹음을 듣고 소리내어 읽어보세요.

A **Where do you live, Jane?**

B **I live in Busan. Where do you live, Chan-ho?**

A **I live in Shinsul-dong in Seoul.**

B **How do you usually go home?**

A **I usually take the subway.**

   But sometimes I take a bus.

STEP 2 이것만은 꼭 알아두세요.

Where do you live, Jane?

▶ where는 장소를 묻는 의문사입니다. 이 의문문을 어떻게 만들어졌느지 살펴 봅시다.

		I	live	in Busan	.
	Do	you	live	in Busan	?
				↓ where	
Where	do	you	live		?

'당신은'이 강조되는 말이므로 you를 강하게 발음합니다.

I live in Shinsul-dong in Seoul.

▶ '서울의 신설동에 산다'라는 어법으로 in Seoul은 Shinsul-dong을 수식합니다.

48

당신은 어디에 사나요, 제인?

A 당신은 어디에 사나요, 제인?

B 부산에 살아요. 당신은 어디에 사나요, 찬호?

A 저는 서울의 신설동에 살아요.

B 대개 어떻게 집에 가세요?

A 지하철을 타고 가요.

　　그러나 가끔 버스를 타기도 합니다.

● New Words

live [liv] 살다

where [hwɛəːr] 어디에, 어느 곳에
〈의문사〉

home [houm] 집에

take [teik] 교통수단에 타다

subway [sʌ́bwei] 지하철

bus [bʌs] 버스

I usually take the subway.

▶ 여기서 **take**는 '교통기관을 타다'라는 의미의 타동사로 이 경우에는 subway에 the를 붙입니다.

 STEP 3 연습하기

주어진 조건에 맞게 〈문형연습〉을 해봅시다.

I live in Busan.

1. Do you?
2. Yes
3. in Seoul?
4. No
5. Where?
6. in Busan

Unit 09 Where are you from, pat?

▶ STEP 1 녹음을 듣고 소리내어 읽어보세요.

A **Excuse me. Are you Sun-hee's friend?**

B **Yes, I am. My name is Pat.**

A **My name is Chan-ho.**

B **How do you do?**

A **How do you do? Where are you from, Pat?**

B **I'm from the United States.**

A **What part of the United States are you from?**

B **New York City. Where are you from, Chan-ho?**

A **I'm from Seoul.**

✔ STEP 2 이것만은 꼭 알아두세요.

Excuse me.

▶ 다른 사람에게 말을 걸거나 앞을 지나가거나 신체를 접촉했을 때 '실례합니다, 미안합니다.'라는 의미로 사용하는 말입니다. 상용표현이므로 그대로 외워 둡시다. 또한 이것은 사과 표현인 I'm sorry.와 같은 의미이지만 본문과 같은 상황에서 I'm sorry.는 사용할 수 없습니다.

Where are you from? - I'm from the United States.

▶ 상대방 출신지를 묻는 법과 그 대답입니다. where로 시작하는 의문문의 구성을 살펴 봅시다.

		I	am	from	the United States	.
	Are	you		from	the United States	?
Where	are	you		from	where	?

▶ Where do you come from? I come from ….이라고 출신지를 묻고 답할 수도 있습니다.

당신은 어디 출신이죠, 패트?

A 실례합니다. 선희의 친구예요?

B 그래요. 내 이름은 패트예요.

A 제 이름은 찬호예요.

B 안녕하세요.

A 안녕하세요. 당신은 어디 출신이죠, 패트?

B 미국이에요.

A 미국 어느 지방 출신이에요?

B 뉴욕시요. 찬호, 당신은 어디 출신이에요?

A 서울이에요.

● New Words

Excuse me. [ikskjuːz mi]
실례합니다.

part [pɑːrt] 부분, 지방

from [frʌm] ~에서, ~출신의

the United States
[ði juːnáiti steits] 미국

New York City
[njuː jɔːᵧk síti] 뉴욕 시

What part of the United States are you from?

▶ 어느 지방 출신인지를 묻는 표현입니다.

 STEP 3 연습하기

주어진 조건에 맞게 〈문형연습〉을 해봅시다.

I'm from the United States.

1. Are you?
2. Yes
3. from Canada?
4. No
5. Where?
6. from the United States
7. What part?
8. from New York City

Unit 10 〉 Where does this bus go?

 STEP 1 〉 녹음을 듣고 소리내어 읽어보세요.

A **Excuse me. Do you speak English?**
B **Yes, a little.**
A **Where does this bus go?**
B **Uh …**
A **Do you understand me?**
B **Yes, I understand you.**
   This bus goes to Myung-dong.
A **I see. Thank you.**
B **You're welcome.**

 STEP 2 〉 이것만은 꼭 알아두세요.

Yes, a little.

▶ 완전응답은 Yes, I do. I speak English a little.입니다.

▶ a little은 '조금은 (~할 수 있다), 약간'의 뜻입니다.

Where does this bus go?

▶ 교통기관의 행선지를 묻는 표현으로 bus 대신에 train(열차), ship(배), plane(비행기)으로 바꾸면 다양한 표현이 가능합니다.

Do you understand me?

▶ me는 I의 목적격입니다.

Yes, I understand you.

▶ 여기서 you는 '당신을'의 뜻으로 you의 목적격으로 쓰였습니다.

이 버스는 어디로 갑니까?

A 실례합니다. 영어를 하십니까?

B 예, 조금합니다.

A 이 버스는 어디로 갑니까?

B 어 ….

A 제가 말하는 것을 아시겠어요?

B 예, 압니다.

　　이 버스는 명동에 갑니다.

A 알겠습니다. 감사합니다.

B 천만에요.

New Words

a little [ʌ lítl] 조금

Uh … [ʌ] 어…

I see. [ai si:] 알겠다

me [mi] 나를

understand [ʌ̀ndərstǽnd]
다른 사람의 말을 알다, 이해하다

You're welcome.
[juəːr wélkəm] 천만에요.
*Thank you.에 대한 응답

주격	소유격	목적격	소유대명사
I	my	me	mine
you	your	you	yours

Thank you. – You're welcome.

▶ You're welcome은 Thank you.라는 감사의 인사에 대해 '천만에요'라고 대답할 때 쓰이는 말로 상용표현이므로 그대로 외워 둡시다.

STEP 3 연습하기

주어진 조건에 맞게 〈문형연습〉을 해봅시다.

This bus goes to Myung-dong.

1. Does this bus?
2. Yes
3. to Shinsul-dong?
4. No
5. Where?
6. to Myung-dong

Point
1

주어가 3인칭 단수일 때 평서문의 동사형

my sister(나의 여동생), my father(나의 아버지), he, she, Boss 등 주어가 3인칭 단수 명사나 대명사일 때 평서문에서는

My sister plays the piano very well. 내 여동생은 피아노를 아주 잘 연주합니다.

처럼 동사에 -s 또는 -es를 붙입니다. 붙이는 방법은 복수형일 때의 -s, -es를 붙이는 경우와 같으며 -s를 붙이는 것이 원칙인데 어미가 -s, -ss, -ch, -sh, -x로 끝나는 동사와 go와 같이 -o로 끝나는 동사의 일부는 -es를 붙입니다. 하지만 어미가 -o로 끝나는 동사는 그리 많지 않습니다.

plays, takes, cleans, reads
teaches, goes, radios *radio(무선 통신하다)의 3인칭 단수형

또한 동사의 어미가 〈자음철자 + y〉로 끝나는 것은 복수형을 만들 때와 같이 y를 i로 고치고 -es를 붙입니다.

(예) **studies** *study(공부하다)의 3인칭 단수형

-s, -es의 발음도 복수형에서와 같습니다. 즉

1. 무성음으로 끝나는 동사 뒤에서는 [-s]로 무성음으로 발음합니다.
   takes [teiks], **hopes** [houps], **laughs** [læfs]

2. 유성음으로 끝나는 동사 뒤에서는 [-z]로 유성음으로 발음합니다.
   plays [pleiz], **cleans** [kli:nz], **reads** [ri:dz], **goes** [gouz]

3. [-s-z-ʃ,tʃ d,ks] 음으로 끝나는 동사 뒤에서는 [-z]로 발음합니다.
   teaches [ti:tʃz], **kisses** [kisiz] *kiss(키스하다)의 3인칭 단수형

영어에는 왜 이러한 관습이 있는 것일까요? 그것은 습관에 의한 것이라고 밖에 대답할 방법이 없습니다. 영어는 유럽 언어 중에서는 그래도 간단한 편입니다. 스페인어나 러시아어 등 대부분의 유럽어는 주어가 1인칭, 2인칭, 3인칭으로 바뀔 때

마다 그리고 단수와 복수에 따라 동사의 형태가 변합니다. 고대 영어에서도 그런 관습이 있었지만 다행히 지금은 3인칭 단수형 변화만 남게 된 것입니다.

She lives in the country.   그녀는 시골에 산다.

John likes to go to parties.   존은 파티에 가는 것을 좋아한다.

Julie studies English very hard.   줄리는 매우 열심히 영어 공부를 한다.

Point 2 주어가 3인칭 단수일 때 의문문과 부정문

주어가 3인칭 단수인 경우 의문문·부정문에는 does[dʌz]를 사용합니다.

Does your sister **play** the piano?

당신 여동생은 피아노를 연주합니까?

No, she **doesn't**. She **doesn't play** the piano.

아뇨. 그녀는 피아노를 연주하지 않습니다.

does를 사용법은 이미 have동사 편에서 배웠으므로 그다지 어렵지 않을 것입니다. 평서문의 3인칭 단수에 붙는 -s가 의문문·부정문을 만드는 do에 붙어서 does가 되고 그 대신에 동사의 -s가 없어진다고 생각하면 됩니다.

긍정과 부정의 대답은 다음과 같이 하면 됩니다.

Does your father play golf?   당신 아버지는 골프를 하십니까?

- Yes, he does. He plays golf.

- No, he doesn't. He doesn't play golf.

대답에는 Yes, No와 does, doesn't를 강히게 발음해야 합니다.

부정문에서는 단축형 doesn't(= does not)를 사용하는 것이 보통이지만 단축형으로 하지 않아도 상관없습니다. 단 단축형으로 하지 않으면 부정의 의미가 더욱 강조되어 딱딱한 느낌이 됩니다.

Point
3

역할에 따라 분류되는 자동사와 타동사

play the piano(피아노를 연주하다), play golf(골프를 하다), clean a room(방을 청소하다) 등과 같이 우리말의 '~을(를)'에 해당하는 말을 수반하는 동사를 타동사라고 하고, '~을(를)'에 해당하는 말을 목적어라고 합니다. 그것에 대해

I **walk**. 나는 걷습니다.

의 walk처럼 뒤에 아무 말이 오지 않든가

She **goes** to elementary school. 그녀는 초등학교에 다닌다.

의 go와 같이 뒤에 전치사에 이끌리는 말을 수반하는 동사를 자동사라고 합니다. 이 자동사, 타동사라는 구별은 말하자면 뒤에 동작의 대상이 되는 '~을(를)'에 해당하는 말이 오느냐 오지 않느냐에 따른 구별인 것입니다.

그런데 Unit 6에서 teach라는 동사가

He **teaches** at our school.(그는 우리 학교에서 가르치고 있다. 즉, 그는 우리 학교 선생님이다.)이라는 자동사와 He **teaches** English.(그는 영어를 가르치고 있다.)라는 자동사·타동사로 사용되고 있습니다.

또한 Unit 5에 나오는 read도 Who **reads** all these books?(누가 이 책들을 읽습니까?) / He **reads** every night.(그는 매일 밤 독서합니다.)의 자동사 · 타동사로 사용되고 있습니다. 동사는 그 의미에서 teach, read와 같이 본래 '~을 ~하다.'라는 타동사적인 것과 go, come과 같이 본래의 의미가 자동사적인 것이 있습니다. 그런데 '~을'에 해당하는 목적어를 알 수 있는 경우에는 생략할 수가 있기 때문에 본래 타동사적인 동사도 자동사의 모습을 취할 수가 있습니다. He **teaches** at our school. 또는 He **reads** every night.의 teach와 read가 그 예입니다. 가르치는 것은 과목이고 읽은 것은 책이라는 것을 알 수 있기 때문에 말하지 않은 것입니다.

Point
4

의문사를 이용한 의문문

1. who로 시작하는 의문문

who가 주어인 의문문에는 do, does가 쓰이지 않는다는 것에 주의합시다. 예를 들면,

His father reads all these books.   그의 아버지는 이 모든 책들을 읽는다.

라는 문장을 '누가 이 모든 책들을 읽습니까?'라는 의문문으로 할 때에는 his father를 who로 바꾸면 됩니다.

Who is she?   그녀는 누구지?

Who pushed her?   누가 그녀를 밀었니?

Who played soccer with him?   누가 그와 축구를 했니?

2. what으로 시작하는 의문문

이번 Part에서는 what이 동사의 목적어로 쓰이는 경우를 배웠습니다.

He teaches English.   그는 영어를 가르친다.

라는 평서문을 보통의문문으로 만들면

Does he teach English?

가 됩니다. 무엇을 가르치는지 물을 경우에는 English를 what으로 바꾸고 문두에 내면

What does he teach?

라는 의문문이 됩니다.

What is that?   저것은 무엇입니까?

What does she do after school?   그녀는 방과 후에 무엇을 하니?

What did you buy at the department store?
너는 백화점에서 무엇을 샀니?

3. how로 시작하는 의문문

how는 '어떤 방법으로, 어떻게 해서'라는 수단, 방법을 묻는 의문사입니다.

You come to school by bus. 당신은 버스로 학교에 온다.

라는 문장을 보통의문문으로 만들면

Do you come to school by bus?

가 됩니다. **by bus**를 **how**로 바꾸고 문장 첫머리에 내면

How do you come to school?

이라는 의문문이 됩니다.

How do you go to your office?	사무실에 어떻게 가니?
How did you go to Seoul?	서울에 어떻게 갔니?
How often do you play golf?	당신은 얼마나 자주 골프를 치죠?

4. where로 시작하는 의문문

where는 '어디에(에서)'라는 장소를 묻는 의문사입니다.

I live in Seoul. 나는 서울에 살고 있다.

라는 문장을 보통의문문으로 만들면

Do you live in Seoul?

이 됩니다. **in Seoul**을 **where**로 바꾸고 문장 첫머리에 내면

Where do you live?

라는 의문문이 됩니다.

Where are you from?	어디 출신이죠?
Where do you live?	어디 살아요?
Where are we now?	우리 지금 어디에 있죠?

Point 5 인칭대명사

이 **Part**에서는 인칭대명사의 단수형인 I, you, he, she, it, 복수형인 we, you, they의 주격(주어가 되는 형태), 소유격(소유관계를 나타내는 형태), 목적격(동사의 목적어가 되는 것으로 '~을'에 해당하는 형태), 소유대명사('~의 것'에 해당하는 형태)가 모두 나왔습니다.

표로 종합해 보면 다음과 같습니다.

		단 수				복 수		
	주격	소유격	목적격	소유대명사	주격	소유격	목적격	소유대명사
1인칭	I	my	me	mine	we	our	us	ours
2인칭	you	your	you	yours	you	your	you	yours
	he	his	him	his				
	she	her	her	hers	they	their	them	theirs
3인칭	it	its	it	-				

주어 자리에는 주격(~은, 는, 이, 가)을, 소유격 자리에는 소유격(~의)을, 목적격 자리에는 목적격(~을, 를)을, 소유대명사 자리엔 소유대명사(~의 것)를 사용합니다. 위의 표를 확실하게 암기하여 문맥에 맞게 사용합시다.

인칭대명사 we, you, they가 특정인을 나타내지 않고, 막연한 일반사람을 나타내는 경우가 있습니다. 이를 일반인 주어라고 하며, '~사람은'이라고 해석하거나 종종 해석하지 않기도 합니다.

They speak English in Australia.　　호주에서는 영어를 쓴다.
We have much rain in summer.　　여름에 비가 많이 온다.

Part 02 Exercise

1 다음을 (a) 보통의문문으로 만들고, (b) (   ) 속의 의문사를 사용해서 의문문으로 바꾸어 봅시다. (1인칭은 2인칭으로 바꾸어서 의문문을 만드시오.)

① My big sister goes to college.

    a. _____?

    b. (who)_____?

② Mary plays tennis.

    a. _____?

    b. (what sport)_____?

③ My uncle lives in Suwon.

    a. _____?

    b. (where)_____?

④ I come to school by bus.

    a. _____?

    b. (how)_____?

2 다음 (   ) 속에 한 단어를 넣어서 문장을 완성하고 의미를 말해 봅시다.

① What do you do (   ) Mondays?

② Does your little sister go (   ) school?

③ Mr. Brown teaches English (   ) our school.

④ (   ) do you come to school?

   - I come to school (   ) subway.

⑤ (   ) do you live?

   - I live (   ) Seoul.

명령문과
감탄문

Unit 01 Read this sentence.

 STEP 1 녹음을 듣고 소리내어 읽어보세요.

A **Good morning, class.**

B **Good morning, Miss Green.**

A **Look at the board, everybody. Chul-ho?**

B **Yes, ma'am.**

A **Read this sentence.**

B **We study English.**

A **Very good. Sit down. Now write the sentence in your notebooks, everybody.**

STEP 2 이것만은 꼭 알아두세요.

Good morning, class.

▶ class는 '반 학생들'이라는 의미로 학급 전체를 부를 때 사용합니다.

Look at the board, everybody.

▶ 이와 같은 문장을 명령문이라고 합니다.

▶ '~하세요'라고 할 때에는 주어를 생략하고 동사의 원형으로 문장을 시작합니다.

▶ everybody는 부르는 말이므로 말끝을 올리는 것이 보통입니다.

Yes, ma'am.

▶ ma'am은 여성에 대한 경칭으로 학교에서는 여자선생님에 대한 호칭으로 쓰입니다. 남자선생님은 sir라고 부릅니다.

이 문장을 읽으세요.

A 여러분, 안녕하세요?

B 안녕하세요, 그린 선생님.

A 여러분, 칠판을 보세요. 철호?

B 네.

A 이 문장을 읽으세요.

B 우리는 영어를 공부합니다.

A 아주 좋아요. 앉으세요. 자, 여러분,
이제 그 문장을 노트에 쓰세요.

● **New Words**

look at [luk æt] ~을 보다

ma'am [mæ(ː)m, mɑːm]
여성에 대한 정중한 호칭 cf. sir

board [bɔːrd] 칠판

everybody [évribàdi] 여러분

sentence [séntən] 문장

sit down [sit daun] 앉다

now [nau] 자, 그러면

write [rait] 쓰다

Read this sentence. & Sit down. & Now write the sentence ···.

▶ 모두 명령문입니다.

 STEP 3 연습하기

다음 문장을 명령문으로 바꾸어 봅시다.

1. You look at the board.
2. You read this sentence.
3. You sit down.
4. You write the sentence in your notebook.

Unit 02 > **Please say that again.**

 STEP 1 > 녹음을 듣고 소리내어 읽어보세요.

A **Now repeat after me.**

B **Miss Green?**

A **Yes?**

B **Please say that again.**

A **All right. Repeat after me.**

B **Miss Green, please read the text again.**

A **O.K. Now listen carefully.**

 STEP 2 > 이것만은 꼭 알아두세요.

Now repeat after me.
▶ after와 같은 전치사 뒤의 인칭대명사는 목적격(me, him, her)이 옵니다.

Yes?
▶ 이 yes는 부르는 것에 대해 '예, 뭐죠?'라고 응답하는 것입니다.

Please say that again.
▶ 모든 명령문에 please를 붙이면 '미안하지만 ~해 주세요'라고 정중하게 요구하는 표현이 됩니다.

Now listen carefully.
▶ listen만으로도 '잘 듣다'라는 의미이지만 carefully를 붙이면 더욱 의미기 강해집니다.

그것을 다시 말해 주세요.

A 자, 저를 따라서 말하세요.

B 그린 선생님?

A 예?

B 그것을 다시 말씀해 주세요.

B 좋아요. 저를 따라서 말하세요.

A 그린 선생님, 본문을 다시 읽어 주세요.

B 좋아요. 그러면 잘 들으세요.

🔊 **STEP 3** 연습하기

다음 문장을 보기와 같이 바꾸어 말해 봅시다.

| 보기 |

> You say that again.
> (Say)   Say that again.
> (Please)   Please say that again.

1. You read the text again.
    a. Read   b. Please
2. You write it in your notebook.
    a. Write   b. Please
3. You listen carefully.
    a. Listen   b. Please

Unit 03 > Be quite, everyone!

STEP 1 녹음을 듣고 소리내어 읽어보세요.

A Chul-ho, how do you spell "listen"?

B L-i-s-e-n, lisen.

A No, it's l-i-s-t-e-n, listen.

   Now spell it again.

B L-i-s-t-e-n, listen.

A Be quiet, everyone! Don't talk in class.

STEP 2 > 이것만은 꼭 알아두세요.

Chul-ho, how do you spell listen?
▶ '~의 철자는 어떻게 됩니까'라고 단어의 철자를 묻는 표현입니다.

L-i-s-e-n, lisen.
▶ 한 글자씩 철자의 이름을 말하고 있습니다. 단 이 철자는 잘못되어 있음을 말하고 있습니다.

Be quiet, everyone!
▶ 형용사 또는 명사를 수반해서 '~하시오'라는 명령은 Be .로 시작됩니다. 이 be는 am, is, are 의 원형이라고 부릅니다.

Don't talk in class.
▶ '~하지 마시오'라는 금지의 명령은 Don't~.로 시작합니다. 여기에 please를 붙이면 정중하게 금지를 요구하는 표현이 됩니다.

모두 조용히 하세요!

A 철호, "listen"은 어떻게 쓰죠?

B l - i - s - e - n, lisen입니다.

A 아니에요, l - i - s - t - e - n, listen이에요.

    철자를 다시 말해 봐요.

B L - i - s - t - e - n, listen.

A 모두 조용히 하세요! 수업 중에 이야기하지 마세요.

New Words

spell [spel] 단어의 철자를 말하다

be [biː] am, are, is의 원형

quiet [kwáiət] 조용한

everyone [évriːwʌ̀n]
모두, 여러분 = everybody

talk [tɔːk] 말하다

STEP 3   연습하기

다음을 명령문으로 고치고 말해 봅시다.

1. You are quiet.
2. You don't talk in class.
3. You are a good boy.
4. You are careful.
5. You don't look at the textbook.

Unit 04 Don't be noisy, children.

 STEP 1 녹음을 듣고 소리내어 읽어보세요.

A **Jane! Ted! Breakfast is ready.**

Come down quickly!

B **Yes, Mother.**

A **Don't be noisy, children.**

Be quiet at the table.

B **Yes, Mother.**

 STEP 2 이것만은 꼭 알아두세요.

Breakfast is ready.

▶ 식사 준비가 되어 부르는 표현으로 breakfast를 점심식사(lunch), 저녁식사(dinner)로 바꾸어 응용할 수 있습니다. 단, 식사 이름에는 관사를 붙이지 않습니다.

Come down quickly!

▶ come down은 계단을 내려오는 것으로 아이들 방이 2층에 있다는 것을 알 수 있습니다.

Don't be noisy, children.

▶ 형용사 또는 명사를 수반하고 be동사를 이용해서 '~해서는 안 된다'라는 명령을 말할 때는 Don't be ~.라고 합니다.

얘들아 떠들지마.

A 제인! 테드! 아침 먹어라.

   빨리 내려와!

B 네, 엄마.

A 얘들아, 떠들지 마.

   식탁에서는 조용히 해.

B 네, 엄마.

● New Words

breakfast [brékfəst] 아침식사

ready [réadi] 준비가 된

come down [kʌm daun]
내려오다

quickly [kwíkli] 빨리, 곧장

noisy [nɔ́izi] 시끄러운

at the table [æt ðə téibl]
식탁에서, 식사 중에

STEP 3 연습하기

다음을 명령문으로 바꾸고 말해 봅시다.

1. You come down quickly.
2. You are not noisy.
3. You don't talk in class.
4. You are quiet at the table.

Unit 05 ▸ Let's play baseball.

 STEP 1 녹음을 듣고 소리내어 읽어보세요.

A **Let's play baseball.**

B **Yes, let's. Do you have a ball?**

A **Yes. I have a bat, too.**

B **Fine. Let's begin!**

A **O.K!**

✔ **STEP 2** 이것만은 꼭 알아두세요.

Let's play baseball.

▶ Let's ~.는 Let us ~.의 단축형으로 '~하자(합시다)'라고 할 때는 보통 단축형을 사용합니다.
Let's ~.는 친근한 사이에 권유하는 표현입니다.

Yes, let's.

▶ Let's ~.에 대한 응답으로 '예, 합시다'라는 전형적인 대답의 하나입니다. 이 외에
All right. / O.K.
등으로 대답할 수도 있습니다.

Fine.

▶ 상대방이 말한 것에 찬성하는 것으로 '좋아요, 좋군요'를 의미합니다.

야구합시다.

A 야구합시다.

B 그래요, 해요. 공 가지고 있나요?

A 네. 배트도 있어요.

B 좋아요. 시작합시다!

A 좋아요!

● **New Words** >

let's [lets] ~하자

bat [bæt] 야구 배트

begin [bigín] 시작하다

O.K!

▶ 권유나 의뢰를 나타내는 **Let's ~.**에 대한 대답의 하나로 감탄부호(!)가 붙어 있는 것은 힘을 주어서 말한 것을 나타냅니다.

STEP 3 연습하기

다음의 권유에 대답해 봅시다.

1. Let's play tennis.
2. Let's go to school.
3. Let's go home.
4. Let's have lunch.

Unit 06 ▷ Let's not climb this one.

 STEP 1 녹음을 듣고 소리내어 읽어보세요.

A **Let's climb that tall tree.**
B **O.K. You go first.**
A **All right.**
B **Watch your step.**
A **Help!**
B **Are you all right?**
A **Yes, but this is dangerous!**
  Let's not climb this one.
B **No, let's not.**

 STEP 2 이것만은 꼭 알아두세요.

You go first.
▶ 이 문장도 명령문입니다. 지금까지는 주어를 생략한 명령문만을 공부했지만 특별히 상대방의 주의를 환기시키기 위해서는 이 문장과 같이 you를 붙여서 명령문을 만듭니다.

Watch your step.
▶ '발밑을 조심해.'라는 관용구로 step 대신에 head(머리)를 넣으면 '머리 조심'이라는 말이 됩니다.

Let's not climb this one.
▶ '~하는 것을 그만 둡시다.'는 Let's not ~.으로 표현합니다. 이 외에 Don't let's ~. / Let's don't ~.라고도 하지만 미국영어에서는 일반적으로 Let's not ~.을 사용합니다.

No, let's not.

이 나무에 오르지 말자.

A 저 큰 나무에 올라가자.

B 좋아. 네가 먼저 올라가.

A 좋아.

B 발밑을 조심해.

A 도와 줘.

B 괜찮니?

A 응, 그런데 이 나무는 위험해!

　이 나무에 오르지 말자.

B 그래, 그러자.

● **New Words**

climb [klaim] 오르다

tree [triː] 나무

watch [wɑtʃ, wɔːtʃ]
~을 보다, 가축 등을 지키다

step [step] 걸음, 발판

help [help] 돕다, 구원하다

dangerous [déindʒərəs] 위험한

▶ Let's not ~.에 대해 '그래, 그러지 말자'라는 대답으로 이 경우의 no는 '아니오'가 아니라 '그래, 예'라는 우리말에 해당합니다.

STEP 3 연습하기

다음을 보기와 같이 바꿔 말해 봅시다.

─── 보기 ───

We study English.

(Let's)　　　Let's study English.

We don't play baseball.

(Let's not)　　Let's not play baseball.

1. We play the piano. (Let's)　　2. We go by train. (Let's)

3. We don't do that. (Let's not)

Unit 07 > Oh, what a nice smell!

 STEP 1 > 녹음을 듣고 소리내어 읽어보세요.

A **What's this, Jane?**

B **It's pancake mix.**

A **Let's make some pancakes.**

B **All right. Please add some milk.**

A **O.K. Here you are.**

B **Fine. Now let's cook them.**

A **Oh, what a nice smell!**

STEP 2 > 이것만은 꼭 알아두세요.

Let's make some pancakes. Now let's cook them.

▶ 요리를 하는 것은 일반적으로 make를 사용하는데 특히 불을 사용해서 찌거나 굽거나 하는 요리는 cook을 사용합니다. 따라서 샌드위치, 샐러드, 김치 등을 만드는 것은 make를 쓰고 cook이라고는 하지 않습니다.

▶ some은 막연한 복수를 나타내는 말입니다.

Please add some milk.

▶ 이 some은 '약간'이라는 의미로 수량을 나타내는 명사에 붙습니다. 위에는 '조금'이라고 번역해 두었지만 번역하지 않아도 좋습니다.

Oh, what a nice smell!

▶ 감탄표현의 하나로 what을 이용한 것입니다.

아, 냄새 참 좋군!

A 제인, 이게 뭐죠?

B 팬케익 가루요.

A 팬케익을 만들어요.

B 좋아요. 우유를 조금 넣어 줘요.

A 알겠어요. 여기 있어요.

B 좋아요. 자, 이제 요리를 합시다.

A 아, 냄새 참 좋군!

● New Words

make [meik] 만들다

pancake [pǽnkeik] 팬케익

pancake mix [pǽnkeik miks]
팬케익용 분말

add [æd] 첨가하다

milk [milk] 우유

smell [smel] 냄새

cook [kuk] (불을 사용해) 요리하다

That's	a	very		nice	smell	.
		What	a	nice	smell	!

▶ 이 어법은 that's에 해당하는 부분을 생략하고 very(또는 이에 상당하는 말)를 what으로 바꾼 것입니다. 관사의 위치에 주의하고 문장 뒤에는 감탄부호(!)를 붙입니다.

STEP 3 연습하기

다음을 보기와 같이 what을 이용한 감탄문으로 말해 봅시다.

| 보기 |

That's a very nice smell. → What a nice smell!

1. That's a very beautiful flower.
2. That's a very big ship.
3. She is a very kind girl.
4. He's a very tall man.
5. This is a very small radio.

Unit 08 > How cute!

 STEP 1 녹음을 듣고 소리내어 읽어보세요.

A **Is that your puppy?**

B **Yes.**

A **How cute! Come here, puppy.**

B **His name is Brownie. Do you like dogs?**

A **Yes, very much.**
   Do you want some cookies, Brownie?

B **Please don't give anything to him.**
   He only eats dog food.

✓ **STEP 2** 이것만은 꼭 알아두세요.

How cute!

▶ how를 이용한 감탄표현입니다.

He	is	very	cute	.
		How	cute	!

▶ 이 표현은 he is에 해당하는 부분을 생략하고 very(또는 그에 상당하는 말)를 how로 바꿔 말하는 것입니다. 문장 끝에는 감탄부호를 붙이며 what 감탄문과 비교해 보면 what 감탄문은 뒤에 명사가 오는 것이 특징입니다.

He	is	a	very		cute	puppy	.
		What	a		cute	puppy	!

아, 귀엽다!

A   그거 당신 강아지인가요?

B   네.

A   아, 귀엽다! 이리와, 강아지야.

B   이름은 브라우니예요. 당신은 개를 좋아하나요?

A   네, 아주 좋아해요.

　　쿠키 좀 줄까, 브라우니?

B   아무 것도 주지 마세요.

　　개먹이만 먹거든요.

● **New Words**

puppy [pápi] 강아지

Brownie [bráuni] 브라우니
〈개 이름〉

cookies [kúkiz] 쿠키

give [giv] 주다

eat [iːt] 먹다

food [fuːd] 음식

anything [éniθìŋ]
(not과 함께 쓰여) 아무 것도

Please don't give anything to him.

▶ don't로 시작되는 금지의 명령이지만 please를 붙여서 정중한 명령을 나타냅니다.

▶ not anything은 '아무 것도 않다'라는 뜻을 나타냅니다.

 STEP 3　연습하기

다음을 보기와 같이 how를 이용한 감탄문으로 말해 봅시다.

| 보기 |

That's very nice.　→　How nice!

1.　This is very beautiful.　　　2.　That's very small.

3.　That's very big.

Part 03 Review

Point
1

명령문

명령문이란 명령, 경고, 부탁, 금지 등을 나타내며,

Look at the board, everybody.   여러분, 칠판을 보세요.

와 같이 주어를 생략하고 동사로 시작하는 문장을 말합니다. 마침표를 찍거나 느낌표를 써서 강조해 주기도 하며 이와 같은 문장은 보통 '~하세요'라는 의미가 되므로 명령문이라 하는데 '~좀 해 주십시오'라는 부탁하는 문장이나 '자, ~합시다'라고 권유하는 문장도 문법적으로는 명령문이라 할 수 있습니다. 명령이나 부탁은 상대방에 대해 하는 것이므로 생략된 주어는 you '당신, 당신들'입니다. 명령문에서는 you를 생략하는 것이 보통이지만

You look at the board.   이봐요, 칠판을 보세요.

와 같이 주어를 붙일 수도 있습니다. 이것은 상대방에게 주의를 환기시키려는 의도이므로 you를 강하게 내리는 어조로 말합니다.

그럼 명령문에 주어가 붙을 수도 있다고 하면 평서문과는 어떻게 구별할까요? 명령문은 주어를 붙이지 않는 것이 보통이므로 주어를 생략할 수 있다면 명령문인 것입니다. 또한 보통 문장의 내용이나 전후관계로 알 수 있습니다.

명령문에는 어떤 것이 있는가를 여기에서 살펴봅시다.

1. ~하세요

주어를 생략하고 동사로 문장을 시작하고 '~하고 있으세요'라고 형용사나 명사 쪽에 의미의 중심이 있는 명령문은 Be ~.로 문장을 시작합니다.

Sit down.   앉으세요.
Read this sentence.   이 문장을 읽으세요.
Be quiet, everyone.   모두 조용히 하세요.

78

2. 정중한 부탁

please를 사용하며 일반적으로 please는 동사 앞에 붙이지만 문장 끝에 붙일 수도 있습니다.

Please say that again.   그걸 다시 말해 주십시오.
Sit down, please.   앉아 주십시오.

3. 금지 명령

'~하지 마세요'라는 금지 명령은 Don't ~.로 시작하며 '~하지 말아 주십시오'라고 정중히 금지하는 경우에는 please를 붙입니다.

Don't talk in class.   수업 중에 이야기하지 마세요.
Don't be noisy.   떠들지 마세요.
Please don't look at the textbook.   교과서를 보지 마십시오.

4. 권유

'~합시다'라고 권유할 때는 Let's ~.를 쓰며 대답으로는 Yes, Let's. / O.K. / All right. 등이 있습니다. '~하지 맙시다'는 Let's not ~.이고 대답은 No, let's not. / O.K. / All right. 등으로 할 수 있습니다.

Let's play baseball.   야구하자.
- Yes, Let's. / O.K. / All right.   그래.
Let's not climb this tree.   이 나무에 오르지 말자.
- No, let's not. / O.K. / All right.   그러자.

let's에 어퍼스트로피(')를 붙이는 이유는 let us가 단축되었기 때문인데 현대 영어에서는 let's와 let us는 다른 의미가 되므로 분해하지 않고 let's로 해야 '~합시다'라는 말이 된다고 알아둡시다.

감탄문

강한 감정을 나타내는 문장으로 느낌표로 끝맺으며 '참 ~이군요!'라는 감탄은 what을 사용하는 경우와 how를 사용하는 경우의 2가지가 있습니다. 이때의 what이나 how에는 의문의 의미는 없습니다.

1. what을 이용한 감탄표현

what으로 시작하고 뒤에 형용사나 명사가 오며 관사는 what 뒤에 놓입니다. 복수명사가 올 때에는 물론 관사 a는 붙지 않습니다. 따라서 어순은

> **What** + **a** + 형용사 + 명사!

가 되고 쓸 때에는 문장 뒤에 종지부호 대신에 감탄부호(!)를 붙입니다.

What a nice smell!   냄새 좋군요!
What a small radio!   참 작은 라디오군요!

2. how를 이용한 감탄표현

how로 시작하고 뒤에 형용사가 옵니다. 부사가 오는 경우도 있지만 이 Part에서는 형용사가 오는 경우만 공부했습니다. what을 사용하는 표현과 다른 점은 뒤에 형용사만 오지 명사가 오지 않는다는 것입니다. 따라서 관사도 붙지 않습니다. 어순은

> **How** + 형용사!

가 됩니다. 표기할 때에는 문장 끝에 감탄부호(!)를 붙입니다.

How cute!   아이, 귀여워!
How beautiful!   아, 아름답다!

또한 what 또는 how를 사용하지 않고 감탄을 나타내는 어법은 다양합니다. 예를 들면

Beautiful!

이라고 감탄한 기분을 담아 말해도 '아름답군요!'라는 말이 되고,

That's very beautiful!

도 역시 감탄의 기분을 담아 말하면 '그거 아주 예쁘네요!'라는 감탄 표현이 됩니다. 따라서 what 또는 how를 사용하는 어법은 문법적으로 특정한 형식에 따른 전형적인 감탄 표현이라는 것입니다.

Part 03 Exercise

1　다음을 명령문으로 바꾸고 말해 봅시다.

　　① You write your name on the board.

　　② You repeat after me.

　　③ You say that again.

　　④ You are quiet at the table.

2　보기와 같이 명령문을 만들어 봅시다.

| 보기 |

> You talk in class. → Don't talk in class.

　　① You look at the textbook.

　　② You are noisy in class.

　　③ You are a bad boy.

　　④ You climb that tree.

3　속에 있는 말을 사용해서 '~하자'·'그러자'라는 대화를 만들어 봅시다.

　　① play baseball

　　② have lunch

　　③ make a sandwich

　　④ go on a picnic

4　다음을 what 또는 how를 사용한 감탄문으로 고쳐 봅시다.

　　① This is a very cute puppy.

　　② It's very nice.

　　③ That's a very big ship.

　　④ This is very beautiful.

시간 표현

Unit 01 > What time is it?

 STEP 1 녹음을 듣고 소리내어 읽어보세요.

A **What time is it?**

B **It's six o'clock.**

A **In the morning or in the evening?**

B **In the evening. It's six o'clock in the evening.**

A **What time do you have dinner?**

B **At seven.**

 STEP 2 이것만은 꼭 알아두세요.

What time is it?

▶ 이 it은 시간을 나타내는 it이므로 우리말로 해석하지 않습니다.

▶ is에 강한 강세가 있습니다.

▶ 시간을 묻는 방법은 다양합니다. 상대방이 대답해 줄 수 있을 거라는 가정 하에 의문사를 이용하여 직접 묻는 What is the time?, What time do you have?나 간접적으로 묻는 Do you have the time?, Do you have a watch? 등이 있으며 What time is it? 외에 Tell me the time.으로 물을 수도 있습니다.

It's six o'clock.

▶ o'clock은 of the clock을 생략한 것으로 의미는 '~시'라는 정각인 시각을 나타내며 '~시 ~분'이라고 분까지 말할 때에는 쓰지 않습니다. o'clock은 생략해도 관계없습니다.

▶ 정각임을 강조하는 말로 on the nose, on the dot, sharp 등이 있습니다.

84

몇 시입니까?

A 몇 시입니까?

B 6시입니다.

A 아침입니까, 저녁입니까?

A 저녁입니다. 저녁 6시입니다.

B 몇 시에 저녁식사를 합니까?

A 7시에 합니다.

New Words

time [taim] 시, 시간, 시각

o'clock [əklák] ~시
*정각인 시간일 때 쓴다

dinner [dínər] 저녁식사
*하루 중 가장 주된 식사

In the morning or in the evening?

▶ in the morning은 '오전에', in the evening은 '저녁에'이지만 시각 뒤에 붙으면 '오전 (~시)',
'저녁 (~시)'의 의미가 됩니다. in the evening은 대개 오후 6시 이후에 쓰며 그 전의 시간
은 in the afternoon을 씁니다.

STEP 3 연습하기

주어진 조건에 맞게 〈문형연습〉을 해봅시다.

It's six o'clock in the evening.

1. Is it?
2. Yes
3. in the morning?
4. No
5. What time?
6. six o'clock in the evening

Unit 02 It's 11:02(eleven-o-two).

 STEP 1 녹음을 듣고 소리내어 읽어보세요.

A **It's exactly 1100 a.m.eleven a.m. by my watch.**
What time is it by your watch?

B **It's 11:02(eleven-o-two.)**

A **11:02?**

B **Yes. But my watch is wrong. It's two minutes fast.**

A **I see. Then my watch is correct.**
It always keeps good time.

 STEP 2 이것만은 꼭 알아두세요.

It's exactly 11:00 a.m.(eleven a.m.) by my watch.

▶ exactly는 '꼭, 정확히'라는 뜻입니다.

▶ 11:00 a.m.은 ( ) 속과 같이 읽으며 a.m.은 '오전의'라는 기호로 시간 뒤에 붙입니다. 이와 같이 시각을 숫자로 쓸 경우에는 시와 분 사이에 (: colon)을 붙이는데 왼쪽이 '~시', 오른쪽이 '~분'을 나타냅니다.

▶ by my watch는 '내 시계로는'라는 뜻입니다.

It's 11:02(eleven-o-two).

▶ 11:02는 ( ) 속과 같이 읽습니다. 일반적으로 '~분' 부분도 기수로 읽고 one ~ nine까지는 o [ou]-one, o [ou]-two …와 같이 o [ou]를 넣어서 말합니다.

But my watch is wrong.

▶ wrong은 '틀린, 맞지 않는', 반대로 '맞는, 정확한'은 right 또는 correct를 사용합니다.

11시 2분입니다.

A 제 시계로는 정각 오전 11시입니다.

당신의 시계는 몇 시죠?

B 11시 2분입니다.

A 11시 2분이요?

B 네, 그런데 제 시계는 틀려요. 2분 빠릅니다.

A 알겠어요. 그러면 제 시계가 정확하군요.

제 시계는 항상 잘 맞아요.

● New Words

exactly [igzǽktli] 꼭, 정확히
by [bai] ~로, ~에 의하면
wrong [rɔːŋ] 틀린
minute [mínit] 분
correct [kərékt] 옳은, 정확한
noon [nuːn] 정오
always [ɔ́ːlweiz] 항상, 늘
keep [kiːp] 어떤 상태를 유지하다

It's two minutes fast.

▶ 시계가 빠를 때에는 fast를 쓰고 반대는 slow입니다.

STEP 3 연습하기

다음을 영어로 말해 봅시다.

1. 10 : 20 a.m.
2. 3 : 35 p.m.
3. 11 : 18 a.m.
4. 2 : 05 p.m.
5. 8 : 45 a.m.
6. 12 : 00 noon

Unit 03 It's twenty-five minutes after eight.

 STEP 1 녹음을 듣고 소리내어 읽어보세요.

(1) A **It's eight twenty-five.**

   B **It's twenty-five minutes after eight.**

(2) A **It's nine thirty.**

   B **It's half after nine.**

(3) A **It's ten thirty-five.**

   B **It's twenty-five minutes before eleven.**

(4) A **It's seven forty-five.**

   B **It's a quarter to eight.**

STEP 2 이것만은 꼭 알아두세요.

It's twenty-five minutes after eight.

▶ past는 '~지난'이라는 전치사로 글자대로는 '25분 지난 8시'라는 의미입니다. 이 경우에는 30분을 지날 때까지는 **after**를 이용하며, 30분을 넘기면 **to**를 사용하고 다음 시간(여기에서는 9시)이 와서 '~분 전'이라는 어법으로 합니다. after 대신에 past를, before 대신에 to를 사용할 수도 있습니다.

It's half after nine.

▶ half는 '반'이라는 의미로 시간을 말할 때는 1시간의 반 즉, 30분을 나타냅니다. 보통 thirty minutes라고 하지 않고 half를 씁니다.

It's twenty-five minutes before eleven.

▶ 위에서 설명한 것처럼 30분을 넘어서면 before를 사용해서 '~분 전'으로 합니다.

8시 25분입니다.

(1) A 8시 25분입니다.

B 8시 25분입니다.

(2) A 9시 30분입니다.

B 9시 반입니다.

(3) A 10시 35분입니다.

B 11시 25분 전입니다.

(4) A 7시 45분입니다.

B 8시 15분 전입니다.

● **New Words**

past [pæst] 시간이 ~을 지나

half [hæf] 반, 1/2, 30분

quarter [kwɔ́ːrtər] 1/4, 15분

It's a quarter to eight.

▶ quarter란 1/4로 시간을 말할 때는 1시간의 1/4 즉, 15분을 나타냅니다. fifteen minutes를 사용하지 않고 보통 quarter를 씁니다.

◀ STEP 3 연습하기

다음을 두 가지의 다른 표현으로 말해 봅시다.

1. 9 : 12
2. 11 : 03
3. 7 : 15
4. 8 : 30
5. 4 : 45
6. 10 : 55

Unit 04 > What time do you have?

 STEP 1 > 녹음을 듣고 소리내어 읽어보세요.

A **What time do you have?**

B **I have 8:20.**

A **Is your watch correct?**

B **Yes. My watch always keeps good time.**

A **I see. Thank you.**

✓ **STEP 2** > 이것만은 꼭 알아두세요.

What time do you have?

▶ 시계를 가지고 있는 사람에게 '당신 시계는 몇 시입니까?'라고 묻는 표현입니다.

I have 8:20.

▶ What time do you have?라는 물음에 대해 대답할 때는 이렇게 합니다.

Is your watch correct?

▶ '시계가 정확하다'는 correct 또는 right을 쓰고, 반대로 '시계가 틀리다'고 할 때는 wrong을 씁니다.

My watch always keeps good time.

▶ '시계가 잘 맞는다'는 keep good time이라는 표현을 쓰고 My watch is always correct.도 같은 의미입니다.

몇 시입니까?

A 지금 몇 시입니까?

B 8시 20분입니다.

A 당신 시계는 정확합니까?

B 네. 내 시계는 항상 잘 맞습니다.

A 알겠어요. 고마워요.

● **New Words**

correct [kərékt] 옳은, 정확한

always [ɔ́:lweiz] 항상, 늘

keep [kiːp] 어떤 상태를 유지하다, 지키다

🔊 **STEP 3** 연습하기

주어진 조건에 맞게 〈문형연습〉을 해봅시다.

I have eight twenty.

1. Do you?
2. Yes
3. eight thirty?
4. No
5. What time?
6. eight tweny

Unit 05 What time do you get up?

 STEP 1 녹음을 듣고 소리내어 읽어보세요.

A **What time do you get up?**

B **I usually get up at six.**

A **How many hours do you sleep?**

B **I sleep eight hours.**

A **What time do you leave for school?**

B **About eight.**

✓ **STEP 2** 이것만은 꼭 알아두세요.

What time do you get up?

▶ 이 문장의 구성을 살펴 봅시다.

			I	get up	at six	.
		Do	you	get up	at six	?
					↓ what time	
what time	do	you	get up			?

What time do you get up?

▶ '~시에'의 '~에'에 해당하는 전치사는 at이지만 what time의 어법에는 생략합니다.

▶ get up은 '잠자리에서 일어나다'의 뜻입니다.

I usually get up at six.

▶ 시각을 나타내는 전치사 at에 주의합시다.

92

몇 시에 일어나세요?

A 몇 시에 일어나세요?

B 보통 6시에 일어나요.

A 몇 시간 자나요?

B 8시간 자요.

A 몇 시에 학교에 가죠?

B 8시쯤에요.

● New Words

get up [get ʌp] 일어나다
at [æt] ~시에
hour [áuər] 시간
sleep [sliːp] 자다
leave [liːv] 출발하다, 떠나다
for [fɔːr] ~로 향해서
about [əbáut] ~경

What time do you leave for school?

▶ leave for ~는 '~로 향해 떠나다'의 뜻입니다.

About eight.

▶ I leave for school about eight.을 생략한 것. about은 '~경, ~쯤'.

STEP 3 연습하기

주어진 조건에 맞게 〈문형연습〉을 해봅시다.

I usually get up at six.

1. Do you?   2. Yes   3. at seven?
4. No   5. What time?   6. at six

93

Unit 06 > What time do you get to school?

 STEP 1 녹음을 듣고 소리내어 읽어보세요.

A **What time do you get to school?**
B **I get to school about 8:20.**
A **What time does your school begin?**
B **It begins at eight thirty.**
A **When do you go home?**
B **Around three.**
A **When do you have dinner?**
B **We usually have dinner at seven o'clock.**

 STEP 2 이것만은 꼭 알아두세요.

What time does your school begin?

▶ your school은 3인칭 단수이므로 does를 씁니다.

When do you go home?

▶ when은 what time과 같은 의미로 주로 막연한 '때'를 묻는 데 쓰입니다.

▶ go home은 '귀가하다'라는 의미로 go라는 동사가 쓰이고 있으므로 학교에서 집으로 출발한 다는 것을 말합니다.

Around three.

▶ around는 '~무렵'이라는 의미로 about과 같은 뜻으로 쓰입니다.

We usually have dinner at seven o'clock.

▶ we를 사용한 것은 가족들도 포함해서 말하고 있기 때문입니다.

몇 시에 학교에 도착합니까?

A 몇 시에 학교에 도착합니까?

B 8시 20분 쯤에 도착해요.

A 학교는 몇 시에 시작하나요?

B 8시 30분에 시작해요.

A 언제 집에 가죠?

B 3시쯤에요.

A 언제 저녁을 먹나요?

B 대개 7시에 저녁을 먹어요.

▶ usually는 빈도부사로 일반동사 앞, be동사나 조동사 뒤에 위치합니다. 여기서 have는 '먹다'의 뜻으로 일반동사로 쓰여 usually가 have 앞에 위치하고 있습니다.

▶ dinner는 하루 중 가장 정식인 식사로 보통 저녁식사를 가리키며 식사 이름에는 관사를 붙이지 않습니다.

 STEP 3   연습하기

주어진 조건에 맞게 〈문형연습〉을 해봅시다.

We usually have dinner at seven.

1. Do you?
2. Yes
3. at six?
4. No
5. When?
6. at seven

Unit 07 When do you study?

STEP 1 녹음을 듣고 소리내어 읽어보세요.

A **What do you do after dinner?**

B **I watch television.**

A **When do you study?**

B **I study before dinner.**

A **What time do you go to bed?**

B **At ten o'clock.**

STEP 2 이것만은 꼭 알아두세요.

What do you do after dinner?

▶ 뒤의 do는 '~을 하다'라는 뜻의 일반동사입니다.

I watch television.

▶ television은 여기에서는 텔레비전 방송을 말하며 관사는 붙이지 않습니다. TV [ti:-vi]라고도 하며 '텔레비전을 보다'의 '보다'는 watch를 사용한다는 점에 주의합시다. look at은 칠판이나 그림 등 움직이지 않는 것을 보는 경우에 사용하고 watch는 텔레비전, 영화, 스포츠 경기 등 움직이는 것을 보는 경우에 사용합니다.

What time do you go to bed?

▶ go to bed는 '자다'라는 의미로 자러 가는 동작을 나타내는 말입니다. 따라서 잠이 들었는가 아닌가는 문제가 되지 않습니다. '잠이 들다'는 get to sleep이라고 합니다.

공부는 언제 하나요?

A 저녁 식사 후에는 뭘 하죠?

B 텔레비전을 봐요.

A 공부는 언제 하나요?

B 저녁 식사 전에 공부해요.

A 몇 시에 자요?

B 10시에요.

● **New Words**

television [télə vìʒən] 텔레비전

before [bifɔ́:r] ~전에

go to bed [gou tu bed]
자다, 취침하다

STEP 3   연습하기

주어진 조건에 맞게 〈문형연습〉을 해봅시다.

I watch television after dinner.

1. Do you?
2. Yes
3. before dinner?
4. No
5. When?
6. after dinner

Unit 08 ▷ When is your birthday?

 STEP 1 ▷ 녹음을 듣고 소리내어 읽어보세요.

A **When is your birthday?**

B **It's October 27.**

A **October 27? That's today!**

B **Yes. Today is my birthday.**

A **Happy birthday!**

B **Thank you. When is your birthday?**

A **Mine is July 5.**

 STEP 2 ▷ 이것만은 꼭 알아두세요.

When is your birthday?

▶ when은 이와 같이 '때'를 묻는 데도 쓸 수 있습니다. When is ~?의 ~ 위치에 여러 가지 말을 넣어서 응용할 수 있습니다.

It's October 27.

▶ October 27은 October (the) twenty-seventh라고 읽습니다.

▶ 이때의 주어 it은 비인칭 주어로 해석하지 않습니다.

October 27?

▶ Is your birthday October 27?를 생략한 것으로 의문문이므로 말끝을 올립니다.

Happy birthday!

▶ '생일 축하해요!'라는 관용어이므로 암기해두세요.

생일이 언제입니까?

A 생일이 언제입니까?

B 10월 27일입니다.

A 10월 27일이요? 오늘이잖아요!

B 그래요. 오늘이 제 생일입니다.

A 생일 축하해요!

B 고마워요. 당신 생일은 언제입니까?

A 7월 5일입니다.

New Words

birthday [bɔ́ːrθdei] 생일

happy [hǽpi] 행복한, 즐거운

When is your birthday?

▶ '그런데 당신 생일은 언제입니까?'라는 말이므로 your를 강하게 말합니다.

Mine is July 5.

▶ mine은 my birthday를 말합니다.

▶ July 5는 July (the) fifth로 읽습니다.

STEP 3 연습하기

주어진 조건에 맞게 〈문형연습〉을 해봅시다.

My birthday is October 27.

1. Is your birthday?	2. Yes	3. October 28?
4. No	5. When?	6. October 27

Point
1

시간에 대하여

이번 Part에서는 시간에 관한 표현을 중심으로 공부하였습니다. 우리는 시간을 '8시 25분' 또는 '1시 55분'과 같이 말하는 것이 보통이지만 영어에서는 시간을 말하는 다른 표현이 있습니다. 예를 들면 30분까지는 **after**를 사용해서 '~분 지난 ~시'라고 하는 것과, 30분을 지나면 **before**를 써서 '~분 전 ~시'라는 어법이 있습니다.

1. 숫자만을 읽어서 시간을 말하는 법

8시 20분이면 8 : 20처럼 '~시'에 해당하는 부문을 왼쪽에 쓰고, 다음에 콜론(:)을 쓰고 오른쪽에 '~분'에 해당하는 숫자를 표기합니다. 읽는 법은 **eight twenty**로 숫자만 읽으면 됩니다. 단 '~분'이 1부터 9까지의 수인 경우에는 10 : 05처럼 0을 넣어서 쓰고, 말할 때에도 **ten-o[ou] five**처럼 o를 [ou]라고 읽는 것이 보통입니다. 정각인 시각은 10 : 00처럼 쓰고 **ten**이라 읽고 00은 읽지 않습니다. 또한 오전은 **a.m.** [éiém]을, 오후는 **p.m.** [píːém]을 숫자 뒤에 넣습니다. 이것은 라틴어의 약자로 문자 뒤에 피어리어드(마침표)를 붙이고 소문자로 표기해야 합니다.

(예) 5 : 05 a.m.   (five-o-five a.m.)
　　 9 : 10 a.m.   (nine ten a.m.)
　　 10 : 10 p.m.   (ten ten p.m.)
　　 11 : 52 p.m.   (eleven fifty-two p.m.)

정오 12시는 자정 12시와 구별하기 위해 12 : 00 **noon**이라고 표기하고 **twelve noon** [twelv nuːn]이라고 읽습니다. **noon**은 '정오'라는 의미입니다. 자정 12시는 12 : 00 **midnight**이라고 표기하고 **twelve midnight** [mídnàit]이라고 읽습니다. **midnight**이란 '한 밤중'이라는 의미입니다.

이와 같이 시간을 말하는 법은 열차의 시간이나 학교·회사의 업무시간 등에서만 쓰였고 일반 가정의 일상생활에서는 사용되지 않았었지만, 현재는 이 표현법이 주로 쓰이고 있습니다. 간단하고 능률적이기 때문입니다.

2. o'clock

o'clock은 생략, 단축의 표시인 어퍼스트로피가 붙어 있는 것에서도 알 수 있듯이 **of the clock**을 단축한 말입니다. 그러나 오늘날 영어에서는 **of the clock**은 쓰이지 않습니다. 이 말은 9시 또는 10시 등 정각인 시간을 말하는데 씁니다. 예를 들면 **nine o'clock** 또는 **ten o'clock**처럼 정각인 시간 뒤에 붙고 '~시 ~분'처럼 '~분'이 붙을 때는 사용하지 않으므로 주의가 필요합니다. **o'clock**은 생략해도 관계없습니다.

Point 2 시간 묻고 답하기

'지금 몇 시입니까?'는 보통

What time is it?

이라고 합니다. 이 경우의 **what time**은 '몇 시'에 해당하는 말이고 **it**은 시각을 나타내는 특별한 대명사입니다. 전에 공부한 대명사 **it**은 한 번 화제에 올랐던 것을 받은 대명사였지만 시간을 나타내는 **it**은 특별히 받고 있는 것이 없습니다. 이와 같은 **it**을 '시간을 나타내는 **it** - 비인칭 주어 **it**'이라고 부릅니다. 뒤에서 나오지만 **it**에는 이외에도 여러 가지 용법이 있다는 것을 알아 둡시다.

우리말에서는 '지금 몇 시입니까?'라고 '지금'이라는 말을 붙이는 게 보통인데 영어에서는 **What time is it?**이라고 하는 것이 일반적이고 **What time is it now?**에서 **now**(지금)는 보통 붙이지 않습니다.

따라서 **What time is it?**이라는 물음에 '지금 7시에요.'는

It's seven o'clock.

으로 시간을 나타내는 **it**을 사용해서 대답합니다. 이때 **o'clock**은 생략해도 좋습니다.

또한 **have**를 이용해서 시간을 물을 수도 있습니다. 이때는

What time do you have? 지금 몇 시 입니까?

라고 합니다. 이것은 상대방이 시계를 가지고 있다는 것을 알 수 있을 때 묻는 것입니다. have는 '가지고 있다'라는 의미이므로 '당신 시계로는 몇 시입니까?'라고 묻는 것과 같은 것입니다. 상대방이 시계를 가지고 있는지 모를 경우에는 우선

Do you have the time? 시계를 가지고 있습니까?

이라고 묻는 것이 좋습니다.

What time do you have?

에 대한 대답은

I have 8 : 20. 8시 20분입니다.

로 역시 have를 사용해서 대답하는 것이 보통입니다.

Point 3

습관을 말할 때

'당신은 몇 시에 ~합니까?', '나는 보통 ~시에 ~합니다'라는 표현에서 '항상(always)' 또는 '대개(usually)'라는 단어를 사용할 수도 있지만 영어에서는

What time do you get up? 당신은 몇 시에 일어납니까?

에 '보통, 대개'의 의미가 들어 있으므로 always, usually를 쓰지 않아도 됩니다. '항상, 대개'라는 말을 넣어서 의미를 확실하게 하고 싶을 경우에만 always 또는 usually를 사용하면 되는 것입니다. 이러한 습관을 나타낼 때 동사는 항상 현재형을 사용합니다.

He always wears blue jeans. 그는 늘 청바지를 입습니다.
I usually take a bus to school. 나는 대개 학교에 버스를 타고 갑니다.

always나 usually는 조동사 및 be 동사의 다음에, 일반동사의 앞에 놓이지만, 조동사 또는 be동사가 강조될 때는 그 앞에 놓기도 합니다.

'~시에'에 해당하는 전치사는 **at**입니다. 따라서 '몇 시에 ~합니까?'는 **at what time**으로 해야겠지만 **what time**이 부사처럼 사용되어 **at**이 생략되는 것입니다.

<table><tr><td>Point
4</td><td>what time과 when</td></tr></table>

what time과 **when**은 같은 의미로 사용될 때가 많습니다. 예를 들면 What time do you get up?은

When do you get up? 언제 일어납니까?

과 같은 의미이지만 **what time**이 확실한 시각을 묻는 말인데 비해 **when**은 막연하게 '언제쯤, 어느 때에'라는 의미도 있으므로 폭이 넓습니다. 이것이 **what time**과 **when**의 차이입니다. 따라서 **what time**은 시간에 한정되어 사용되지만 **when**은

When is your birthday? 생일이 언제입니까?

라고 날짜를 물을 때도 쓰입니다. 그러나

What time is it? 지금 몇 시입니까?

에서는 **what time** 대신에 **when**을 사용할 수는 없습니다.

Part 04 Exercise

1 다음의 시간을 말해 봅시다(시간을 말하는 두 가지 어법으로).

① 오전 8시 14분   ② 오후 2시 45분

③ 오후 3시 30분   ④ 오전 10시 15분

⑤ 오전 9시 4분   ⑥ 오후 11시 11분

2 다음을 당신의 하루 습관이라고 가정하고 질문에 영어로 대답해 봅시다.
(시간을 말하는 두 가지 어법으로.)

| 보기 |

> I usually get up at 6 : 30. I leave for school at 7 : 10.
>
> I get to school 8 : 15. School begins at 8 : 20. I go home at 3 : 45.

① What time do you usually get up?

② What time do you leave for school?

③ When do you get to school?

④ What time does school begin?

⑤ When do you go home?

3 다음을 영작해 봅시다.

① 몇 시입니까? 12분전 4시입니다.

② 당신 시계는 지금 몇 시입니까? 미안하지만 시계를 가지고 있지 않습니다.

③ 지금 10시 15분입니까? 아뇨, 내 시계는 10시 17분입니다. 당신 시계는 2분 늦군요.

④ 당신은 항상 몇 시에 저녁을 먹습니까? 6시 45분입니다.

⑤ 당신 생일은 언제입니까? 11월 20일입니다.

Part **05** ▷

존재의
표현

Unit 01

There is a mitt on the table.

 STEP 1 녹음을 듣고 소리내어 읽어보세요.

A **This is my big brother's room.**

B **There is a mitt on the table.**

A **He's a good baseball player.**

B **Is he? There's a golf club by the window.**

A **He is a good golfer, too.**

STEP 2 이것만은 꼭 알아두세요.

There is a mitt on the table.

▶ There is ~.는 '~가 있다'라는 표현입니다.

▶ 보통 '~에'라는 장소를 나타내는 말과 함께 사용됩니다.

▶ There is ~. 부분은 약한 강세를 두고 가볍게 발음합니다.

He's a good baseball player.

▶ '그는 야구를 잘한다.'로 He plays baseball very well.과 같은 의미로 일반적으로 '~를 잘한다'는 이렇게 표현합니다.

　cf. He's a good golfer. 그는 골프를 잘 친다.

Is he?

▶ Is he a good baseball player?를 줄인 것으로 문장의 첫 부분을 의문형으로 해서 '그래요?'라는 맞장구를 만들 수 있습니다.

106

테이블 위에 야구 글러브가 있네요.

A 이곳이 형 방입니다.

B 테이블 위에 야구 글러브가 있네요.

A 형은 야구를 잘해요.

B 그래요? 창문 옆에 골프채가 있군요.

A 형은 골프도 잘해요.

New Words

there is ~ [ðɛəːriz] ~가 있다

mitt [mit] 야구 포수 1루수용 글러브

player [pléiər] 선수

there's [ðɛəːrz] there is의 단축형

club [klʌb] 골프채

by [bai] ~의 옆에, ~의 곁에

window [wíndou] 창문

golfer [gálfər] 골프를 하는 사람

There's a golf club by the window.

▶ there's는 there is의 단축형으로 회화에서는 단축형을 쓰는 것이 보통입니다.

▶ by는 '~의 옆에'라는 뜻의 전치사지만 막연히 가까이에 있는 것을 나타낼 수도 있습니다.

STEP 3 연습하기

그림을 보고 보기와 같이 말해 봅시다.

| 보기 |

(예) (on the table)
    There's a mitt on the table.
    (under the table)
    There's a bat under the table.

1. on the desk   3. on the wall
2. under the desk   4. by the desk

Unit 02 Is there a post office near here?

 STEP 1 녹음을 듣고 소리내어 읽어보세요.

A **Excuse me.**

Is there a post office near here?

B **Yes, there's one around the corner.**

A **Is there a bank near here?**

B **No, there isn't. There is no bank around here.**

 STEP 2 이것만은 꼭 알아두세요.

Is there a post office near here?

	There	is	a post office	near here	.
Is	there		a post office	near here	?

▶ He is ~. → Is he ~?와 같은 요령으로 의문문을 만들고 말끝은 올리는 어조로 합니다.

Yes, there's one around the corner.

▶ 완전응답은 Yes, there is. There's a post office around the corner입니다. 이 경우 Yes, there is.의 is에 강한 강세를 두고 말합니다. 이 부분에는 단축형을 사용할 수 없습니다.

▶ around the corner는 '모퉁이를 돌면'이라는 뜻입니다.

No, there isn't. There is no bank around here.

▶ 부정의 완전응답으로 No, there isn't.의 isn't에 강한 강세를 둡니다.

이 근처에 우체국이 있습니까?

A 실례합니다.

이 근처에 우체국이 있습니까?

B 예, 모퉁이를 돌면 하나 있습니다.

A 이 근처에 은행이 있습니까?

B 아뇨, 없습니다. 근처에 은행은 없습니다.

New Words

post office [póustɔ̀fis] 우체국

near [niər] ~의 가까이에

around [əráund] ~를 돌아서, ~의 근처에

corner [kɔ́ːrnər] 모퉁이

bank [bæŋk] 은행

▶ 뒤의 There is no bank ⋯. There isn't a bank ⋯.로 말하는 경우는 별로 없고 There is no ⋯.로 하는 것이 보통입니다.

STEP 3 연습하기

주어진 조건에 맞게 《문형연습》을 해봅시다.

There is a post office around the corner.

1. Is there?
2. Yes
3. a bank?
4. No

Unit 03 > Are there any fish in it?

 STEP 1 녹음을 듣고 소리내어 읽어보세요.

A **There is a park near my house.**

B **Is there a pond in the park?**

A **Yes, there's a small one.**

B **Are there any fish in it?**

A **Yes, there are a lot of them.**

B **Are there any rowboats?**

A **No, there aren't any.**

 STEP 2 이것만은 꼭 알아두세요.

Are there any fish in it?

▶ There is ~.의 복수형인 There are ~.의 의문형입니다.

	There	are	a lot of fish	in the pond	.
Are	there		a lot of fish	in the pond	?

▶ any를 쓰는 것은 물고기가 있는지 없는지를 묻고 있기 때문입니다.

▶ fish는 단수·복수가 같은 형태로 영어에는 이와 같은 단어가 많습니다. 단, 다른 종류의 물고기를 말할 때는 fishes [fiʃiz]라는 복수형으로 합니다.

Yes, there are a lot of them.

▶ 완전응답은 Yes, there are. There are a lot of fish입니다. 이 경우 Yes, there are.의 are는 강하게 발음합니다.

110

그 연못에는 물고기가 있나요?

A 우리 집 근처에는 공원이 있어요.

B 그 공원에 연못이 있나요?

A 예, 작은 연못이 있어요.

B 그 연못에는 물고기가 있나요?

A 예, 많이 있어요.

B 보트도 있나요?

A 아뇨, 하나도 없어요.

> **New Words**
>
> **park** [pɑːrk] 공원
>
> **pound** [paund] 연못
>
> **fish** [fiʃ] 물고기 *단수형과 복수형이 동일하다. 여기에서는 복수형
>
> **there are ~** [ðɛəːr ɑːr] ~가 있다 〈there is ~의 복수형〉
>
> **rowboat** [róubòut] 노로 젓는 배, 보트

No, there aren't any.

▶ '한 적도 없다'라는 의미로 **not any**라고 하고 있는데 No, there aren't.로 대답해도 됩니다.

STEP 3 연습하기

주어진 조건에 맞게 〈문형연습〉을 해봅시다.

There are a lot of fish in the pond.

1. Are there?
2. Yes
3. any rowboats?
4. No

111

Unit 04 > How many English teachers are there?

 STEP 1 > 녹음을 듣고 소리내어 읽어보세요.

A **How many students are there in your school?**

B **There are about five hundred.**

A **Are there any foreign students?**

B **Yes, there are two.**
  One is British and the other is Chinese.

A **How many English teachers are there?**

B **There are three.**

✓ **STEP 2** > 이것만은 꼭 알아두세요.

How many students are there in your school?

▶ how many에 동일하게 강세를 두고 발음합니다. 양을 물을 때는 how much를 쓴다는 것을 알아둡시다.

▶ 이 문장의 구성을 살펴 봅시다.

		There	are	about five hundred students	in our school	.
	Are	there		a lot of students	in your school	?
How many students	are	there		how many students	in your school	?

▶ Are there about five hundred students in your school?이라는 것은 이색히므로 a lot of로 바뀌어 있습니다.

영어 선생님은 몇 분 계신가요?

A 당신의 학교에는 학생이 몇 명 있나요?

B 약 500명 있어요.

A 외국인 학생은 있나요?

B 네, 2명 있어요.

한 사람은 영국인이고 다른 사람은 중국인이에요.

A 영어 선생님은 몇 분 계신가요?

B 세 분 계세요.

New Words

foreign [fɔ́(ː)rin, fɑ́r-] 외국의

British [brítiʃ] 영국의; 영국 사람의

other [ʌ́ðər] 다른 것

Chinese [tʃainíːz]
중국의; 중국 사람의

There are about five hundred.

▶ how many는 의문사이므로 대답에는 Yes, No.가 없습니다.

One is British and the other is Chinese.

▶ one과 other는 '하나는 ~이고 다른 하나는 ~'라는 뜻으로 두 개의 것(사람)에 사용합니다.

 STEP 3 연습하기

주어진 조건에 맞게 〈문형연습〉을 해봅시다.

There are about five hundred students in our school.

1. a lot of students?
2. Yes
3. any Canadian students?
4. No
5. How many students?
6. about five hundred

Unit 05 ▶ I'm here.

 STEP 1 녹음을 듣고 소리내어 읽어보세요.

A **Emily! Where are you?**

B **I'm here.**

A **Where? Are you in the living room?**

B **No, I'm in the kitchen.**

✔ **STEP 2** 이것만은 꼭 알아두세요.

Emily!

▶ 딸의 이름을 부르고 있는 것입니다. 감탄부호(!)는 큰 소리로 부르는 것을 나타냅니다.

Where are you? I'm here.

(a)	What	are	you	?		I	am	a teacher		
(b)	Where	are	you	?		I	am		here	.

▶ (a)와 (b)는 문장의 형태는 같지만 (a)의 be동사는 '~이다'라는(I = a teacher)의 역할을 하고 있습니다. (b)의 be동사는 '~에 있다'라는 존재를 나타냅니다. 이와 같이 존재를 나타내는 be 동사에는 뒤에 장소를 나타내는 부사가 옵니다. here(여기에), there(거기에)처럼 한 단어도 오지만 in the living room(거실에)과 같은 〈전치사 + 명사〉의 구의 형태도 이용됩니다.

저 여기 있어요.

A 에밀리! 어디 있니?

● **New Words**

living room [líviŋ ruːm] 거실

kitchen [kítʃin] 부엌

B 저 여기 있어요.

A 어디니? 거실에 있니?

B 아뇨, 부엌에 있어요.

◀ STEP 3 연습하기

주어진 조건에 맞게 〈문형연습〉을 해봅시다.

I'm in the kitchen.

1. Are you?
2. Yes
3. in the living room?
4. No
5. Where?
6. in the kitchen

Unit 06 > Is John at home?

 STEP 1 녹음을 듣고 소리내어 읽어보세요.

A **Is John at home?**

B **No, he isn't.**

A **Where is he?**

B **He's still at school. Are you John's friend?**

A **Yes. What time does he usually come home?**

B **He usually comes home at three.**

 STEP 2 이것만은 꼭 알아두세요.

Is John at home?

▶ 위의 is는 '~에 있다'라는 의미를 나타냅니다. at home은 '집에', be at home은 '집에 있다'가 됩니다.

Where is he?

▶ 여기의 is도 존재를 나타내며 is에 강한 강세를 두고 말합니다.

He's still at school.

▶ at school로 '수업 중에'의 뜻으로 이 경우 school에는 관사가 붙지 않습니다.

▶ still은 긍정문에서 '아직도, 여전히'라는 계속의 의미를 나타냅니다.

▶ already는 긍정문에서는 '이미, 벌써'의 뜻이고, 의문문이나 부정문에서는 '그렇게 빨리, 벌써'라는 놀람을 나타냅니다.

She has got up **already.** 그녀는 이미 일어났다.

존은 집에 있어요?

A 존은 집에 있어요?

B 없어요.

A 어디에 있죠?

B 아직 학교에 있어요. 당신은 존의 친구입니까?

A 예. 존은 대개 몇 시에 들어옵니까?

B 보통 3시에 들어와요.

> **New Words**
>
> **at home** [æt houm] 집에
>
> **still** [stil] 아직, 지금도
>
> **at school** [æt sku:l]
> 학교에, 수업 중에

▶ yet은 부정문에서는 '아직'의 뜻이고, 의문문에서는 '이미, 벌써'라는 뜻을 나타냅니다.

The work is not yet finished.   그 일은 아직 끝나지 않았다.

Are you John's friend?

▶ 상대방이 이름 또는 존과의 관계를 말하지 않아서 묻고 있는 것인데 자신의 이름과 신분은 처음부터 밝히는 것이 좋습니다.

◀ STEP 3   연습하기

주어진 조건에 맞게 〈문형연습〉을 해봅시다.

John is at school.

1. Is John?	2. Yes	3. at home?
4. No	5. Where?	6. at school

Unit 07 ▶ It's on the table.

 STEP 1 녹음을 듣고 소리내어 읽어보세요.

A **Hurry up! It's 7:50.**
B **Yes, Mother. Where's my lunch box?**
A **It's on the table.**
B **Where's my bag?**
A **It's under the table.**
B **Where's my subway pass?**
A **It's in your pocket. Hurry up!**
B **O.K. Good-by.**

 STEP 2 이것만은 꼭 알아두세요.

Hurry up!
▶ '서둘러라!'라는 명령문으로 hurry와 up을 같은 강세로 발음합니다.

Where's my lunch box?
▶ where's는 where is의 단축형입니다.

It's on the table.
▶ It's는 It is의 축약형으로 is도 존재를 나타내며 우리말의 '있다'에 해당합니다.
▶ 본문에서는 on 외에 under, in 등 장소를 나타내는 전치사가 나오고 있습니다. 의미와 용법에 주의합시다.

Good-by.
▶ 우리말의 '다녀오겠습니다.'에 해당하는 인사로 영어로는 Good-by.가 흔히 쓰입니다.

118

식탁 위에 있어요.

A 서둘러! 7시 50분이야.

B 예, 어머니. 제 도시락 어디 있어요?

A 식탁 위에 있어.

B 제 가방은 어디 있죠?

A 테이블 밑에 있어.

B 지하철 패스는 어디 있어요?

A 주머니에 있어. 서둘러!

B 예. 다녀올게요.

● **New Words**

hurry [hə́:ri] 서두르다

lunch box [lʌntʃ bɑks] 도시락

hurry up [hə́:ri ʌ̀p]
(주로 명령문으로 쓰여) 서두르다

box [bɑks] 뚜껑이 있는 상자

pass [pæs] 정기권, 무료 입장권

 STEP 3 연습하기

주어진 조건에 맞게 〈문형연습〉을 해봅시다.

Your lunch box is on the table.

1. Is my lunch box?
2. Yes
3. under the table?
4. No
5. Where?
6. on the table

Point 1

There is ~. / There are ~.

'~가 ~에 있다'라는 의미로 단수에 관해 말할 때는 There is ~.를, 복수에 관하여 말할 때에는 There are ~.를 사용합니다. 발음은 there is는 [ðɛəːr iz], there are는 [ðɛəːr ər]로 가볍게 발음하며 다음에 오는 명사 부분을 강하게 발음합니다. 회화에서 there is는 there's [ðɛəːrz]라는 단축형이 쓰입니다. 사람이든 사물이든 '있다'라는 것을 나타낼 경우에는 there is, there are를 쓰고, 이때 there는 '거기에'의 개념이 아닙니다. '거기에'라고 말할 경우에는 문장 끝에 there를 붙입니다.

There are two women there. 거기에 두 명의 여자가 있다.

이 어법에서는 보통 '~가 ~에 있다'처럼 장소를 확실히 나타냅니다. 문장 속에 장소를 나타내는 말이 없더라도 그 전후를 찾아보면 반드시 나타나 있습니다. 즉, 말하지 않아도 알 수 있어서 생략하는 경우를 제외하고는 장소를 나타내야 하는 것입니다.

There is a mitt on the table. 테이블 위에 글러브가 있다.
There is a chair by the desk. 책상 옆에 의자가 있다.
There are a lot of fish in the pond. 연못에 물고기가 많다.

이처럼 장소를 나타내는 전치사 on, by, in 등의 의미를 알고 있어야 합니다.

이 表現의 의문문은

There is ~.　　　→　　　Is there ~?
There are ~.　　　→　　　Are there ~?

와 같이 어순을 바꾸고 말끝을 올려서 말합니다.

단수인 경우의 완전응답은

Yes, there is. There's a ~.   예, 있습니다. ~에 ~가 있습니다.

No, there isn't. There's no ~.   아뇨, 없습니다. …에 ~가 없습니다.

로 하는데 Yes, there is. / No, there isn't.와 같이 Yes와 is, No와 isn't를 강하게 발음합니다. 완전응답이 아닐 경우에는 Yes. / No.만으로 할 수도 있고 Yes, there is. / No, there isn't.로 할 수도 있습니다. 긍정대답에서는 Yes, there's.라고 단축형을 사용할 수 없지만 부정대답인 경우에는 No, there's not.으로 단축형을 사용할 수 있는데 의미상으로 보면 No, he isn't.보다 No, he's not. 쪽이 강한 부정을 나타내는 것과 같은 느낌이 들어 있습니다. 또한 부정대답에서는 예를 들면 Is this a book?에 대해 No, it isn't. It isn't a book.이라고 대답하듯이 Is there a book on the table?에 대해 No, there isn't. There isn't a book on the table.이라는 대답은 영어에서는 어색하므로 보통 There's no book on the table.처럼 no를 써서 대답합니다. 이 no는 형용사로 '하나도 없는'의 의미입니다.

복수에 대해 완전응답은

Yes, there are. There are ~.

예, 있습니다. ~에 ~가 있습니다.

No, there aren't. There aren't any ~.

아뇨, 없습니다. ~에 ~은 하나도 없습니다.

로 합니다. 대답의 생략은 단수인 경우와 같습니다.

(예)　Is there a clock on the desk?　책상 위에 시계가 있습니까?
　- Yes, there is.　예, 있습니다.

　　Is there a bank around here?　이 근처에 은행이 있습니까?
　- No, there isn't. There's no bank around here.
　　아뇨, 없습니다. 이 근처에 은행은 없습니다.

Are there any fish in the pond?

그 연못에는 물고기가 있습니까?

- Yes, there are. There are a lot of them in it.

예, 있습니다. 물고기가 많이 있습니다.

Are there any rowboats in the pond?

그 연못에는 보트가 있습니까?

- No, there aren't. There aren't any rowboats in it.

아뇨, 없습니다. 그 연못에 보트는 하나도 없습니다.

위와 같이 복수에 Are there any ~?처럼 any[éni]가 쓰이는 것은 '~있는지 없는 지'를 묻고 있기 때문입니다. Do you have any brothers and sisters?(당신은 형제가 있습니까?)의 any와 같은 것입니다. 복수의 부정대답의 any는 not ~ any 로 '하나도 없다'라는 의미입니다. 이 any는 생략할 수 없으며 No, there aren't. 만으로 대답을 할 경우에는 뒤에 No, there aren't any.로 any를 붙여도 관계 없습니다. any를 붙이면 '하나도 (또는 한 명도) 없다'라는 부정의 느낌을 강하게 나타냅니다. 또한 복수의 부정대답은

No, there aren't. There are **no** rowboats in it.과 같이 no를 써서 대답할 수 도 있습니다. 보통 There aren't any ~.가 일반적인 대답입니다.

또한 부정문을 만드는 방법은 위에서 설명한 것과 같습니다.

'책상 위에는 책이 없습니다.'는

There's no book on the desk.

로 단수명사를 사용해서 대답할 수도 있고

There aren't any books on the desk.

로 복수명사를 사용해서 말할 수도 있습니다. 또한

There are no books on the desk.

로 no를 써서 말할 수도 있습니다.

그런데 주의할 점은 There is ~. / There are ~.는 불특정한 것이나 사람에 관해서만 쓴다는 것입니다. 즉,

There's book on the desk.   책상 위에 책이 한 권 있습니다.

There are a lot of fish in the pond.   연못에는 물고기가 많이 있습니다.

와 같이 누구의 책이라든가 어떤 책이라든가에 관계없이 어쨌든 책이 한 권 또는 두 권 있다는 것이고, 무슨 물고기인지 모르지만 물고기가 많이 있다는 것입니다. '책상 위에 내 책이 있다.' 또는 '우리 집 근처에 경복궁이 있다.'처럼 my book 또는 '경복궁'과 같은 특정한 것을 말하는 경우에는 There is ~, There are ~.는 쓸 수 없습니다. 일반적으로 부정관사 a가 붙어 있는 것 또는 a lot of, some, two, three 등의 수사가 붙은 명사에는 쓸 수 있지만 my, John's, my father's와 같은 소유격이 붙어 있는 명사, 정관사 the가 붙은 명사, '경복궁', '서울역'과 같은 고유명사에는 쓸 수 없습니다.

그러면 '책상 위에 내 책이 있다.'는 어떻게 할까요? 그것은

My book is on the desk.   책상 위에 내 책이 있습니다.

처럼 존재를 나타내는 be동사를 사용합니다. '우리 집 근처에 경복궁이 있다.'는 보통 '우리 집은 경복궁 근처이다.'라고 생각해서

My home is near Kyungbok Palace.

라고 합니다.

셀 수 없는 명사가 올 경우에는 There is ~.를 사용합니다.

There is some milk in the glass.   컵 안에 우유가 있다.

There is a lot of paper on the table.   테이블 위에 종이가 많이 있다.

Point **2**

How many ~?

'몇 개인가의 ~, 몇 사람의 ~'라는 수를 물을 때에는 how many라는 의문사를 사용합니다. 따라서 이 문장은 '당신 학교에 학생이 몇 명 있습니까?'라는 질문입니다. 또한 의문사이므로 항상 문장 첫머리에 오며 대답에는 yes, no를 쓰지 않습니다.

그러면 이 문장이 어떻게 구성되어 있는지 살펴봅시다. 우선,

There are about five hundred students in our school.
우리 학교에는 약 500명의 학생이 있다.

라는 평서문을 '당신 학교에는 많은 학생이 있습니까?'라는 의문문으로 바꾸면

Are there a lot of students in your school?

이 됩니다. 이 문장에서 a lot of students를 how many students로 바꾸고 의문사를 앞으로 가져오면

How many students are there in your school?

이라는 문장이 되는 것입니다.

의문사가 있는 의문문이므로 대답에는 Yes, No를 사용하지 않습니다.

There are about five hundred students. 약 500명 있습니다.

라고 대답합니다.

Point **3**

존재를 나타내는 be동사

be동사란 am, are, is를 가리킵니다. be동사라고 부르는 이유는 am, are, is가 1인칭, 2인칭, 3인칭 등 주어의 인칭에 따라 형태가 변화하기 전의 형태가 be이기 때문입니다. 지금까지 be동사는 '~은 ~이다'로 배웠습니다. 그러나

I'm here. 나는 여기에 있습니다.

Are you in the kitchen? 당신은 부엌에 있습니까?

Your bag is under the table. 당신 가방은 테이블 아래에 있습니다.

에서 be동사는 '있다'라는 의미로 쓰이고 있습니다. 이와 같이 말하면

I'm here.

는 '나는 여기입니다.'라고도 번역할 수 있기 때문에 '~입니다.'라는 용법과 같다고도 생각할 수도 있습니다. 그러나 '(~은) ~이다'라는 어법과 '(~은) ~에 있다'는 어법은 문장의 구조가 다릅니다. 다음을 볼까요?

(~은) ~이다	(~은) ~에 있다
I am a student. 나는 학생입니다.	I am here. 나는 여기에 있습니다. I am in the kitchen. 나는 부엌에 있습니다.

언뜻 보면 비슷해 보이지만 왼쪽의 I am a student.는 I = a student로, be동사는 등호(=)처럼 I와 a student를 연결하고 있습니다. 그러나 오른쪽의 I am here.는 I = here의 관계가 아닙니다. '나는 여기에 있다.'라는 의미입니다.

영어에서 '있다'라는 의미로 사용되는 be동사 뒤에는 장소를 나타내는 말이 옵니다. here, there(그곳에) 등의 한 단어 부사로 올 수도 있지만 대개 in the kitchen(부엌에), under the table(식탁 밑)과 같은 전치사로 시작되는 말이 이어집니다.

(예) John is still at school. 존은 아직 학교에 있습니다[수업 중입니다].

Your lunch box is on the table. 당신 도시락은 책상 위에 있다.

Your subway pass is in your pocket. 정기권은 당신 주머니에 있다.

이와 같은 문장의 의문문을 만드는 법은 be동사 문장의 경우와 같고 대답하는 법도 같습니다.

1 다음을 의문사가 없는 의문문으로 만들어 봅시다.

① There is a bank around the corner.

② There are some fish in the pond.

③ There is a magazine in the bag.

④ There are some books on the bookshelf.

⑤ There's a park near my house.

2 다음 보기와 같이 굵게 표시된 부분을 의문문으로 만들어 봅시다. (You는 I로, I는 You로)

| 보기 |

There are **three books** on the desk.

→ How many books are there on the desk?

① There are **forty-five students** in my class.

② There are **three dolls** on the bookshelf.

③ John is **at school**.

④ My father is **in his room**.

⑤ Your bag is **in the living room**.

3 다음 그림을 보고 물음에 답하세요.

① How many books are there on the desk?

② Is there a radio on the desk?

③ Are there any pictures on the wall?

④ Is there a bag on the desk?

⑤ There is a bag in this room. Where is it?

⑥ There is a chair in this room. Where is it?

Part **06** ▷

동사를
도와주는
조동사

Unit 01 ▶ Can you speak French?

녹음을 듣고 소리내어 읽어보세요.

A **What's that book on the table?**

B **It's a French dictionary.**

A **Can you speak French?**

B **No, I can't.**
   But my big sister can speak it pretty well.

A **Can she speak German?**

B **Yes, she can.**

✓ STEP 2 ▷ 이것만은 꼭 알아두세요.

What's that book on the table?

▶ on the table이 book을 수식해서 '테이블 위에 있는 책'의 뜻입니다.

Can you speak French?

▶ can은 동사 앞에 놓여서 '~할 수 있다'라는 의미를 더해 주는 말입니다. speak French는 '프랑스어를 말하다', can speak French는 '프랑스어를 할 수 있다'가 됩니다. 이 can을 조동사라고 합니다.

▶ 조동사가 있는 문장의 의문문은 조동사를 주어 앞으로 가져옵니다.

	You	can	speak	French	.
Can	you		speak	French	?

No, I can't.

▶ Can you ~?의 부정대답으로 no와 can't(= cannot)에 강한 강세를 둡니다. 긍정대답은 Yes,

128

당신은 프랑스어를 할 수 있나요?

A 테이블 위에 있는 저 책은 무슨 책입니까?

B 프랑스어 사전입니다.

A 당신은 프랑스어를 할 수 있나요?

B 아니요.

   그런데 언니는 아주 잘해요.

A 그녀는 독일어도 할 줄 아나요?

B 예, 할 줄 알아요.

● **New Words**

French [frentʃ]
프랑스(의); 프랑스어(의)

can [kæn] ~할 수 있다

pretty [príti] 꽤, 아주

can't [kænt]
〈cannot의 단축형〉~할 수 없다

German [ʤə́ːrmən]
독일어(의); 독일사람(의)

I can입니다.

My big sister can speak it pretty well.

▶ can과 같은 조동사는 인칭에 따라 형태가 변하지 않습니다. 따라서 주어가 3인칭 단수인 경우에도 can에 -s가 붙지 않습니다. 또한 can에 붙는 동사(speak)도 원형을 사용합니다.

 STEP 3 연습하기

주어진 조건에 맞게 〈문형연습〉을 해봅시다.

I can speak English.

1. Can you?

2. Yes

3. French?

4. No

5. What languages?

6. Korean and English

Unit 02 > Can you ski?

(▶) **STEP 1** > 녹음을 듣고 소리내어 읽어보세요.

A **Can you ski?**

B **Yes, I can. I can skate, too. How about you?**

A **I can ski a little.**
But I can't skate at all.

B **Can your sister Sun-hee ski?**

A **Yes, she is a very good skier.**
She can skate very well, too.

(✓) **STEP 2** > 이것만은 꼭 알아두세요.

Yes, I can.

▶ 완전응답은 Yes, I can. I can ski.이며 부정대답은 No, I can't. I can't ski.로 나타냅니다.

How about you?

▶ How about ~?은 '~은 어떻습니까?'의 뜻으로 you 대신에 다양한 말을 넣어 응용할 수 있습니다.

But I can't skate at all.

▶ not ~ at all은 '전혀 ~않다'의 뜻입니다.

Can your sister Sun-hee ski?

▶ your sister Sun-hee는 '네 여동생인 선희'의 뜻입니다.

스키 탈 줄 알아요?

A 스키 탈 줄 알아요?

B 네. 스케이트도 탈 줄 알아요. 당신은요?

A 저는 스키는 좀 탈 줄 알아요.

  하지만 스케이트는 전혀 못 타요.

B 당신의 여동생 선희는 스키를 탈 줄 아나요?

A 네, 매우 잘 타요.

  스케이트도 아주 잘 타고요.

New Words

ski [skiː] 스키를 타다

skate [skeit] 스케이트를 타다

about [əbáut]
~에 관하여, ~에 대하여

a little [əlítl] 약간

how about [hau əbáut]
~은 어때?

skier [skíːər] 스키를 타는 사람

Yes, she is a very good skier.

▶ Yes, she can ski very well.과 같은 의미입니다. '~을 잘한다'는 보통 a good ~으로 표현합니다.

cf. He's a good baseball player. (Part 5 - Unit 1)

STEP 3 연습하기

주어진 조건에 맞게 〈문형연습〉을 해봅시다.

I can ski.

1. Can you?
2. Yes, a little
3. skate?
4. No
5. your sister, ski?
6. Yes, very well

Unit 03 How can I get to the station?

 STEP 1 녹음을 듣고 소리내어 읽어보세요.

A **Excuse me. How can I get to the station?**

B **Walk two blocks down this street and turn right.**

A **I see. Is it far from here?**

B **No. It's only a five- or six-minute walk.**

A **Thank you very much.**

B **You're welcome.**

 STEP 2 이것만은 꼭 알아두세요.

How can I get to the station?

▶ 길을 묻는 방법의 하나로 get to ~는 '~에 도착하다'라는 의미이므로 '어떻게 하면 역에 도착 할 수 있습니까?'가 원래의 뜻입니다. 길을 묻는 방법은 많이 있지만 지금까지 배운 것으로 Where is the station?으로 물을 수도 있습니다.

Walk two blocks down this street and turn right.

▶ block이란 사방이 도로로 둘러싸인 시가의 한 구획으로 미국에서는 시내에서 거리를 나타내 는 데 많이 쓰입니다. down this street은 '이 길을 따라서'라는 뜻입니다.

▶ turn right는 '오른쪽으로 돌다', turn left는 '왼쪽으로 돌다'의 뜻입니다.

It's only a five- or six-minute walk.

▶ '걸어서 ~분 거리'는 보통 a ~ minute walk로 나타내고, '3분' a three-minute walk, '5분' a five-minute walk로 하이픈(-)으로 숫자와 분을 연결합니다.

132

역에 어떻게 갑니까?

A 실례합니다. 역에 어떻게 갑니까?

B 이 길을 2블록 걸어가서 오른쪽으로 도세요.

A 알겠습니다. 여기에서 멉니까?

B 아닙니다. 걸어서 5~6분입니다.

A 대단히 고맙습니다.

B 천만에요.

● **New Words**

station [stéiʃən] 역

block [blɑk/blɔk] 구역, 블록
*사방이 도로로 둘러싸인 1구역

down [daun] ~아래쪽으로

street [striːt] 시내의 거리

turn [təːrn] 돌다

right [rait] 오른쪽에

walk [wɔːk] 걷는 거리, 걷다

left [left] 왼쪽에

◀ **STEP 3** 연습하기

지도를 보고 보기와 같이 말해 봅시다.

> a. **high school?**
> How can I get to the high school?
> b. **two blocks, left**
> Walk two blocks down this street
> and turn left.

1. a. post office?   b. three blocks, right
2. a. bank?   b. three blocks, left
3 a. station?   b. four blocks, right
3 a. city hall?   b. two blocks, right

Unit 04 May I come in, Miss Green?

 STEP 1 녹음을 듣고 소리내어 읽어보세요.

A **May I come in, Miss Green?**

B **Who is it?**

A **Bill Smith.**

B **Come in, Bill. What can I do for you?**

A **May I ask a question?**

B **Certainly. What is it?**

 STEP 2 이것만은 꼭 알아두세요.

May I come in, Miss Green?

▶ may는 can과 같은 조동사로 '~해도 됩니까?'라고 정중하게 물을 경우에는 May I ~?로 표현합니다.

Who is it?

▶ 문밖에서 노크를 하는 사람이 누구인지를 모르는 경우에 '누구십니까?'라고 묻는 것입니다.

What can I do for you?

▶ 직역하면 '내가 당신을 위해 무엇을 할 수 있을까요?'지만 '무슨 용건입니까, 용건이 뭐죠?'라는 의미입니다.

May I ask a question?

▶ I have a question.도 의미는 통하지만, 보통 정중하게 May I ~? 형태를 사용합니다.

그린 선생님, 들어가도 될까요?

A   그린 선생님, 들어가도 됩니까?

B   누구예요?

A   빌 스미스입니다.

B   들어와요, 빌. 무슨 용건이죠?

A   질문해도 됩니까?

B   그럼요. 뭐죠?

> **New Words**
>
> **may** [mei] ~해도 되다
>
> **come in** [kʌm in] 안으로 들어가다
>
> **Smith** [smiθ] 스미스 〈성〉
>
> **ask** [æsk] 묻다, 질문하다
>
> **question** [kwéstʃən] 질문
>
> **Certainly.** [sə́ːrtnli]
> 물론이죠, 그럼은요 *부탁에 대한 응답

Certainly.

▶ May I ~?에 정중하게 대답하는 것으로 '그러세요'라는 의미입니다. 격의 없는 대답으로 Sure. 도 사용됩니다. 그런데 May I ~?에 Yes, you may. / No, you may not.이라고도 대답할 수 있지만 손윗사람이 손아랫사람이나 어린아이에게 허락을 해주는 어감이 됩니다.

STEP 3   연습하기

다음을 may를 사용해서 '~해도 되겠습니까?'라는 문장으로 만들어 봅시다.

1.   I come in.
2.   I speak English.
3.   I go home.
4.   I play baseball.

135

Unit 05 > May I help you, sir?

 STEP 1 > 녹음을 듣고 소리내어 읽어보세요.

A **May I help you, sir?**

B **Yes. I want a handkerchief.**

A **A white one or a colored one?**

B **A white one, please.**

A **How about this one, sir?**

B **May I have a look at it?**

A **Certainly.**

 STEP 2 > 이것만은 꼭 알아두세요.

May I help you, sir?

▶ 글자대로의 의미는 '내가 당신을 도와줘도 됩니까?'이지만 점원이 손님에게 하는 말로 우리말로는 '어서 오십시오, 도와 드릴까요?'에 해당합니다.

▶ sir는 남성에게 붙이는 경칭으로 여성에게는 ma'am을 사용합니다.

Yes. I want a handkerchief.

▶ Yes.라고 대답한 것은 May I ~?라고 물었기 때문입니다.

▶ I want ~.로 '~를 사고 싶다'라는 의미가 됩니다.

May I have a look at it?

▶ have a look at은 look at과 거의 같은 의미로 쓰입니다.

도와 드릴까요?

A   도와 드릴까요?

B   예. 손수건을 사고 싶습니다.

A   하얀 손수건입니까, 색깔이 있는 것입니까?

B   하얀 것을 주십시오.

A   이것은 어떻습니까?

B   좀 봐도 됩니까?

A   그러세요.

● **New Words**

help [help] 도와주다, 돕다

sir [səːr] 남성을 정중히 부르는 말
cf. ma'am

handkerchief
[hǽŋkərtʃif] 손수건

colored [kʌ́lərd] 색깔이 있는

STEP 3   연습하기

보기와 같이 말해 봅시다.

| 보기 |

> You may have a look at it.
> a. (May I ~?) May I have a look at it?   b. (Answer) Certainly.

1.   You may sit down.
     a. (May I ~?)   b. (Answer)

2.   You may go home.
     a. (May I ~?)   b. (Answer)

3.   You may come in.
     a. (May I ~?)   b. (Answer)

4.   You may look at your textbook.
     a. (May I ~?)   b. (Answer)

Unit 06 > I have to do my homework.

 STEP 1 녹음을 듣고 소리내어 읽어보세요.

A **Are you free today, Bill?**

B **No. I have to do my homework.**

A **Do you have to finish it today?**

B **Yes, I do. Are you free, Jane?**

A **No, I'm busy, too.**

I have to help my mother in the kitchen.

 STEP 2 이것만은 꼭 알아두세요.

I have to do my homework.

▶ have to는 '~해야 한다'의 뜻으로만 일단 알아 둡시다.

▶ have to 뒤에는 동사원형이 옵니다.

▶ 발음은 보통 자음 앞에서는 [hǽftə], 모음 앞에서는 [hǽftu]가 됩니다. 천천히 말하거나 강조해서 말하거나 할 때는 [hǽvtə]로 발음할 수도 있지만 보통은 (v → f)로 무성음으로 됩니다.

Do you have to finish it today?

▶ have to가 있는 문장의 의문문은 do를 사용해서 만듭니다.

Yes, I do.

▶ Do you have to ~?의 긍정대답으로 완전응답은 Yes, I do. I have to finish it today.가 됩니다. 또한 Yes, I do. 대신에 Yes, I have to. I have to ~.라고 응답할 수도 있지만 이것은 강조하는 말이 됩니다.

138

나는 숙제를 해야 해요.

A   빌, 오늘 시간 있어요?

B   아뇨. 나는 숙제를 해야 해요.

A   오늘 끝내야 하나요?

B   네. 당신은 시간이 있나요, 제인?

A   아뇨, 저도 바빠요.

　　어머니의 부엌일을 도와 드려야 해요.

● **New Words**

have to [hæv tu] ~해야 하다
homework [hóum wə́:rk] 숙제
finish [fíniʃ] 끝내다, 완료하다

◀ **STEP 3** 　연습하기

주어진 조건에 맞게 〈문형연습〉을 해봅시다.

1. I have to do my homework.

　　a. Do you?　　　　b. Yes

2. I have to help my mother in the kitchen.

　　a. Do you?　　　　b. Yes

3. I have to study English hard.

　　a. Do you?　　　　b. Yes

Unit 07 > No, you don't have to.

 STEP 1 > 녹음을 듣고 소리내어 읽어보세요.

A **Does this bus go to Jones Street?**

B **No, it doesn't.**

A **Do I have to get off at the next stop?**

B **No, you don't have to.**
You can transfer later.

A **I see. Where do I have to transfer?**

B **You have to transfer at Green Hill.**

 STEP 2 > 이것만은 꼭 알아두세요.

No, you don't have to.

▶ have to의 부정형 don't have to는 '~할 필요 없다'라는 의미입니다. 완전응답은 No, you don't have to. You don't have to get off at the next stop.이며, No, you don't have to.로 하든 No, you don't.로 대답하든 의미는 같습니다.

▶ Do you have ~?의 대답

(긍정)   Yes, I do. / Yes, I have to.

          *Yes, I have to.는 강조하는 느낌입니다.

(부정)   No, I don't. / No, I don't have to.

          *어느 쪽을 사용해도 좋습니다.

You can transfer later.

▶ '나중에 갈아타도 된다'라는 의미입니다.

아뇨, 그럴 필요 없어요.

A 이 버스가 존스 거리에 갑니까?

B 아뇨, 가지 않습니다.

A 다음 정류장에서 내려야 합니까?

B 아뇨, 그럴 필요 없어요.

　나중에 갈아탈 수 있습니다.

A 알겠습니다. 어디에서 갈아타야 합니까?

B 그린 힐에서 갈아타야 합니다.

● New Words

get off [get ɔːf] (교통수단에서) 내리다

stop [stɑp] 정류장

transfer [trænsfớr] 갈아타다

later [léitər] 나중에

Green Hill [griːn hil] 그린 힐 〈지명〉

■ STEP 3 연습하기

주어진 조건에 맞게 〈문형연습〉을 해봅시다.

You have to transfer at Green Hill.

1. Do I?
2. Yes
3. get off at the next stop?
4. No
5. Where, transfer?
6. at Green Hill

Unit 08 He has to work very hard.

 STEP 1 녹음을 듣고 소리내어 읽어보세요.

A **Is your father at home?**

B **No, he's at his office.**

A **It's Sunday today.**

Does he have to work on Sundays?

B **Yes. He has to work very hard.**

He has to support a big family.

✓ STEP 2 이것만은 꼭 알아두세요.

He's at his office.
▶ '사무실에 있다'는 '직장에 있다, 근무 중이다'라는 의미입니다.

Does he have to work on Sundays?
▶ have to는 3인칭 단수가 주어인 의문문에는 does를 씁니다.

Yes.
▶ 완전응답은 Yes, he does. He has to work on Sundays.이며, 부정대답은 No, he doesn't (have to). He doesn't have to work on Sundays.가 됩니다.

He has to work very hard.
▶ have to는 주어가 3인칭 단수인 경우에는 has to가 되며 has to의 발음은 자음 앞에서는 [hǽstə], 모음 앞에서는 [hǽstu]가 됩니다.

142

그는 매우 열심히 일해야 해요.

A 아버지 집에 계십니까?

B 아니요, 일하러 가셨어요.

A 오늘은 일요일이에요.

　일요일에도 일을 하셔야 하나요?

B 예. 아버지는 매우 열심히 일하셔야 해요.

　대가족을 부양하셔야 하니까요.

New Words

office [ɔ́(ː)fis] 사무실, 직장

has to [hǽz tu]
have to의 3인칭 단수형

work [wəːrk] 일하다, 근무하다

support [səpɔ́ːrt] 부양하다

	He	has to	work	very hard	.
Does	he	have to	work	very hard	?

STEP 3 연습하기

주어진 조건에 맞게 〈문형연습〉을 해봅시다.

My father has to work on Sundays.

1. Does your father?
2. Yes
3. Does your brother?
4. No
5. Who?
6. My father

Point 1   조동사 can

조동사란 말 그대로 '동사를 도와주는 말'을 의미합니다. 즉, 동사만으로 뜻을 명확히 전달할 수 없을 때 조동사를 함께 사용합니다. 대표적인 조동사에는 can, may, must, shall, will 등이 있으며 조동사의 사용법으로 한 가지 알아두어야 할 사항은 조동사 뒤에는 반드시 '동사의 원형'이 온다는 것입니다.

조동사 can은 동사 앞에 와서 '~할 수 있다'라는 의미를 추가하는 말로 발음은 강한 강세가 있는 경우에는 [kæn], 약한 강세만 있는 경우에는 [kən]이 됩니다.

can의 용법을 우선 긍정 평서문부터 예를 들어 봅시다.

(예) I can speak English a little.
나는 영어를 조금 할 줄 안다.

You can ski.
당신은 스키를 탈 수 있다.

She can skate pretty well.
그녀는 스케이트를 아주 잘 탄다.

My big sister can speak German very well.
누나는 독일어를 아주 잘한다.

위의 예처럼 can이 동사 앞에 오면 '~할 수 있다'라는 의미가 더해지며 '~할 수 있다'가 can의 의미이지만 우리말 번역은 반드시 '할 수 있다'라고 번역되지는 않습니다. 위의 예에서도 '할 줄 안다'로 번역되고 있습니다.

또한 can뿐만 아니라 다른 조동사에도 공통되는 중요한 것이 있습니다. 그것은 can은 일반동사와는 달리 주어가 3인칭 단수 즉, he, she, it, my big sister에도 -s가 붙지 않는다는 것입니다. 조동사는 주어에 관계없이 항상 같은 형태입니다.

또 하나 중요한 것은 조동사가 오면 동사의 형태가 변하지 않는다는 것입니다. 주어가 he든 she든 조동사 can이 오면 **He can ski. / She can skate.**로 -s가 붙지 않습니다.

다음으로 '~할 수 있습니까?'라는 의문문을 만드는 법을 알아봅시다.

의문문은 주어와 조동사의 어순을 바꾸고 문장 끝을 올려 말합니다.

위와 같이 하면 됩니다. 대답은 '예, 할 수 있습니다.'는 **Yes, she can.** '아뇨, 할 수 없습니다.'면 **No, she can't.**가 됩니다. can't는 can의 부정형 can not [kænát]의 단축형으로 [kænt]로 발음됩니다. **Yes, No** 부분과 **can** 또는 **can't**에 악센트를 주고

Yés, she cán.

Nó, she can't.

와 같이 말합니다. 또한 대답을 완전응답으로 하면 긍정인 경우는

Yes, she can. She can skate.

부정인 경우는

No, she can't. She can't skate. 가 됩니다.

⒠ **Can you speak French?**
   당신은 프랑스어를 할 줄 압니까?

   - **Yes, I can.** 예, 할 수 있습니다.

   Can your brother skate?
   당신 남동생은 스케이트를 탈 줄 압니까?

   - **No, he can't.**   아뇨, 못 탑니다.

'예, 조금은 할 수 있습니다.'는 Yes, a little.로 대답하면 됩니다.

I를 주어로 해서

Can I skate?

라고 하면 보통 '스케이트를 타도 됩니까?'라고 상대방에게 '~해도 되겠습니까?'라고 허락을 구하는 말이 됩니다.

May I skate?

와 같은 의미가 되는데 May I ~? 보다는 다소 격의 없는 느낌이 있습니다. 그런데 발이 아픈 환자가 의사에게

Can I walk again?   다시 걸을 수 있어요?

이라고 묻는다면 Can I ~?라도 '나는 ~할 수 있을까요?'라고 자신의 능력을 묻는 게 됩니다. 의문사를 붙여서

How can I get to the station?
역에는 어떻게 가면 됩니까?

도 Can I ~?는 허가가 아니라 '어떻게 하면 ~할 수 있습니까?'라는 의미로 사용되고 있습니다. 또한

You can come in.   들어와도 좋아요.

도 You can ~.이라는 평서문이 마치

You may come in.

과 같은 허가를 나타내는 경우도 있습니다.

이 경우는 You may ~.가 윗사람의 입장에서 허가를 해주는 느낌이 있는데 비해서 '들어오려 한다면 들어와도 된다'라는 의미로 You may come in.보다 다소 정중한 말이 됩니다.

Point
2

조동사 may

may[mei]는 '~해도 좋다'라고 상대방에게 허락해 주는 것을 나타내는 조동사입니다.

(예) **You may come in.**　　들어와도 좋다.

　　 You may sit down.　　앉아도 좋다.

위의 예와 같이 긍정 평서문에서의 **may**는 윗사람이 아랫사람에게 허락을 해주는 느낌이 확실히 나타나므로 부모가 자식에게, 선생님이 학생에게 허락을 주는 것과 같은 경우에 씁니다. 그러므로 **may**는 May I ~? 또는 May we ~?와 같이 1인칭을 주어로 한 의문문에 주로 쓰입니다. 의문문으로 하면 평서문과는 반대로 상대방을 자신보다 위에 놓고 상대방의 허가를 구하는 말이 되므로 매우 정중한 표현이 되는 것입니다.

(예) **May I come in?**　　　　들어가도 되겠습니까?

　　 May I ask a question?　질문해도 되겠습니까?

　　 May I have a look at it?　좀 봐도 되겠습니까?

대답은 보통

Certainly.　예, 그러세요.

로 하며 **Of course** [əv kɔ́rs]라는 대답도 있습니다. 모두 정중한 대답입니다. 친구, 동료 사이에서는

Sure. 라고 합니다.

Yes, you may.나 No, you may not.은 윗사람이 아랫사람에게 허락하거니 금지하거나 하는 느낌이 되므로 그다지 쓰이지 않습니다. 그러면,

May I ask a question?

의 질문에 대답하는 것이 곤란할 때에는 어떻게 할까요? 그때에도 No, you may not.은 피하고

Please wait a minute. 잠깐만 기다려 주세요.

또는

I'm sorry, but I can't answer questions now.
죄송하지만 지금은 대답할 수 없어요.

라고 하는 것이 보통입니다. 허락은 상대방에 대한 것이므로 may는 he, she 등 3인칭 주어에 대해서는 그다지 사용되지 않지만

He may come in.

이라고 하면 눈앞에 있는 상대방을 향해서 '그에게 들어와도 좋다고 전해 주세요.' 라는 의미가 됩니다.

*이 문장은 전후관계에 따라 아직 배우지 않은 may의 또 하나의 의미인 '~일 지 도 모른다'라는 말이 될 수도 있습니다.

Point 3 준조동사 have to

have to는 뒤에 동사가 붙어서 '~해야 한다'라는 의미를 나타냅니다. 발음은 [hæftə]로 have의 [v]가 무성음인 [f]로 바뀌는 것에 주의합시다. have를 쓰고 있지만 '가지고 있다'라는 의미는 없습니다. have to는 동사와 함께 사용되어 동사의 의미를 추가한다는 점에서는 can, may와 같은 조동사라고 불러도 좋지만 can, may와 같은 조동사는 주어에 따라 형태가 변하지 않고 부정형은 can not [can't], may not와 같이 다음에 not이 오고, 의문형은 Can you ~? May I ~?와 같이 주어와 어순을 바꾸어서 만드는 데 비해, have to는 he, she 등 3인칭 단수 주어에서는 has to가 되고 부정형은 don't have to, doesn't have to와 같이 do를 쓰고 의문형도 Do you have to ~? / Does she have to ~?와 같이 does 를 사용하므로 have동사나 일반동사와 같습니다. 따라서 내용적으로는 조동사이 고 형태상으로는 have동사, 일반동사와 같기에 '준조동사'로 부르기도 합니다.

(예) I have to do my homework.

숙제를 해야 한다.

I have to help my mother in the kitchen.

부엌에서 어머니를 도와야 한다.

You have to transfer at Green Hill.

당신은 그린 힐에서 갈아타야 한다.

He has to work very hard.

그는 열심히 일해야 한다.

3인칭 단수 주어일 때는 **has to**가 된다는 점에 주의합시다.

has to의 발음은 다음 동사가 자음으로 시작되면 [hǽstə], 모음으로 시작되면 [hǽstu]가 됩니다. have to, has to의 to를 [tu]라고 끊어서 강하게 발음하지 않고 **have, has**에 붙여서 가볍게 발음하는 것이 중요합니다.

의문문에는 **do, does**를 사용합니다. 이것은 **have**동사의 의문문 만드는 것과 같습니다. 대답은 긍정일 때는

Yes, I do. 또는 Yes, I have to.

둘 다 가능하지만, 뉘앙스가 약간 달라집니다. 가장 일반적인 대답은 Yes, I do.로 Yes, I have to.라고 하면 '무슨 일이 있어도 그렇게 해야만 합니다'라는 느낌이 됩니다.

부정대답은

No, I don't. 또는 No, I don't have to.

로 하면 됩니다. 뉘앙스의 차이는 없으므로 어느 쪽을 사용해도 관계가 없습니다.

have to의 부정형인 **don't have to**는 '~할 필요는 없다'의 뜻으로 '~해서는 안 된다'라는 의미가 아닙니다.

(예) Do you have to finish your homework today?

당신은 숙제를 오늘 마쳐야 합니까?

- Yes, I do.

예, 그렇습니다.

Does he have to work on Sundays?

그는 일요일에 일해야 합니까?

- Yes, he has to.

예, 일해야 합니다.

Does she have to help her mother in the kitchen?

그녀는 어머니 부엌일을 도와야 합니까?

- No, she doesn't have to.

아뇨, 할 필요 없습니다.

Point 4 | 조동사 요약정리

조동사를 이용해서 '~할 수 있다〈능력〉, ~해야 한다〈의무〉, ~해도 된다〈허가〉' 등을 나타낼 수 있습니다. 이들 조동사는 동사 앞에 놓이며 조동사는 주어의 인칭, 단수·복수에 관계없이 형태는 같습니다.

You can swim.	당신은 수영할 수 있다.
You have to swim.	당신은 수영해야 한다.
You may swim.	당신은 수영해도 된다.

▶ '~는 수영할 수 있다' 라는 문장의 예

1인칭 단수 주어	(나는)	I can swim.
2인칭 단수 주어	(당신은)	You can swim.

3인칭 단수 주어	그는	He can swim.
3인칭 단수 주어	그녀는	She can swim.
3인칭 단수 주어	톰은	Tom can swim.
1인칭 복수 주어	우리는	We can swim.
2인칭 복수 주어	당신들은	You can swim.
3인칭 복수 주어	그들은	They can swim.
3인칭 복수 주어	그녀들은	They can swim.

이와 같이 주어가 3인칭 단수인 경우에도 can을 그대로 사용하며 can 뒤에 오는 동사도 모두 동사의 원형을 사용합니다.

He swims.	그는 수영한다.
He can swim.	그는 수영할 수 있다.

조동사가 들어 있는 문장을 의문문으로 만들 때에는 조동사를 문장 앞으로 가져 오면 됩니다.

You can swim.	당신은 수영할 수 있다.
Can you swim?	당신은 수영할 수 있습니까?

조동사가 들어 있는 문장을 부정문으로 만들 때에는 조동사 뒤에 **not**을 붙이면 됩니다.

I can swim.	나는 수영할 수 있다.
I can not swim.	나는 수영할 수 없다.

151

Part 06 Exercise

1 다음이 대답이 되도록 영어로 질문해 봅시다.

① Yes, I can. I can ski a little.

② No, I don't. I don't have to study math today.

③ Certainly. Please come in.

④ No, I can't. I can't skate at all.

⑤ Yes, I do. I have to help my mother in the kitchen.

2 ( ) 속을 참고로 두 사람의 대화를 완성해 봅시다.
(빈 곳에 한 단어를 보충하라. 단축형은 한 단어, **have to**는 두 단어로 본다)

① (Chan-ho can't play baseball today. He has to finish his homework.
Jin-woo is his friend.)

Jin-woo : Let's play baseball, Chan-ho.

Chan-ho : Well, I _____ play baseball today.

I _____ _____ do my homework.

Jin-woo : Do you _____ _____ finish it today?

Chan-ho : Yes, I _____ _____ .

② (Chul-su has a question. He goes to Miss Kim's room.)

Chul-su : _____ I come in?

Kim : _____ . Oh, it's you, Chul-su.

Chul-su : _____ I ask a question, Miss Kim?

Kim : _____ . What is it?

현재
진행형

Unit 01 › He is studying English.

 STEP 1 › 녹음을 듣고 소리내어 읽어보세요.

A **Where is Chan-ho?**

B **He's in his room. He's studying English.**

A **Is he reading an English book?**

B **No, he isn't. He's listening to the radio.**

He's studying English from the radio.

✔ STEP 2 › 이것만은 꼭 알아두세요.

He's studying English.

①	He	studies	English	.
②	He	is studying	English	.

▶ ①은 습관적인 사실을 말하고, ②는 '바로 지금 영어를 공부하고 있다'라는 현재진행 중인 동작을 나타냅니다.

▶ 〈be + 동사 -ing〉를 현재진행형, 〈동사 -ing〉를 현재분사라고 합니다.

Is he reading an English book?

▶ 의문문은 현재진행형 문장의 주어와 be동사의 어순을 바꿉니다.

No, he isn't.

▶ 부정의 대답을 완전응답으로 하면 No, he isn't. He isn't reading an English book.이 됩

154

그는 영어를 공부하고 있어요.

A   찬호는 어디에 있나요?

B   자기 방에 있어요. 그는 영어를 공부하고 있어요.

A   영어 책을 읽고 있나요?

B   아뇨. 라디오를 듣고 있어요.

     라디오로 영어 공부를 하고 있어요.

> **New Words**
>
> **studying** [stʌ́diŋ]
> study(공부하다)의 현재분사
>
> **reading** [ríːdiŋ]
> read(읽다)의 현재분사
>
> **listening** [lísniŋ]]
> listen(듣다)의 현재분사

니다. **not**의 위치에 주의합시다. 또한 긍정대답의 완전응답은 Yes, he is. He's reading an English book.이 됩니다.

He's listening to the radio. / He's studying English from the radio.

▶ 모두 현재진행형 문장입니다.

 STEP 3   연습하기

주어진 조건에 맞게 〈문형연습〉을 해봅시다.

Chan-ho is listening to the radio.

1.   Is Chan-ho?
2.   Yes
3.   reading an English book?
4.   No
5.   studying English?
6.   Yes

Unit 02 > I'm doing my homework.

 STEP 1 녹음을 듣고 소리내어 읽어보세요.

A **Are you writing a letter, Bill?**

B **No, I'm doing my homework.**

A **Let's play baseball in the park.**
Everybody is waiting for you there.

B **O.K. But I have to finish my homework first.**
I can join you in about twenty minutes.

A **All right. But hurry up!**

 STEP 2 이것만은 꼭 알아두세요.

Are you writing a letter, Bill?

	You	are	writing	a letter	.
Are	you		writing	a letter	?

▶ write와 같이 -e로 끝나는 동사의 현재분사형은 -e를 생략하고 -ing를 붙입니다.

No, I'm doing my homework.

▶ No, (I'm not. I'm not writing a letter.) I'm doing my homework.의 (   ) 부분이 생략된 문장입니다.

▶ Are you writing a letter?의 대답

(긍정) Yes, I am. I'm writing a letter.

(부정) No, I'm not. I'm not writing a letter.

나는 숙제를 하고 있어요.

A 빌, 편지 쓰고 있니?

B 아뇨, 저는 숙제를 하고 있어.

A 공원에서 같이 야구하자.

    모두 거기에서 너를 기다리고 있어.

B 알겠어. 그런데 먼저 숙제를 끝내야 해.

    약 20분 뒤에 갈 수 있어.

A 좋아. 그럼 빨리 와!

New Words

writing [ráitiŋ]
write(쓰다)의 현재분사

letter [létər] 편지

doing [dú:iŋ] do(하다)의 현재분사

join [dʒɔin] 참가하다, 입회하다

wait [weit] 기다리다
wait for ~ ~를 기다리다

waiting [wéitiŋ] wait의 현재분사

there [ðɛər] 그곳에서

Everybody is waiting for you there.

▶ wait for ~는 '~를 기다리다'라는 뜻입니다. 여기서 there는 in the park를 가리킵니다.

I can join you in about twenty minutes.

▶ can은 조동사로 뒤에는 동사원형인 join이 옵니다.

▶ in은 '~의 시간 뒤에'의 뜻을 나타내며, about은 '대략'의 뜻으로 시간과 함께 쓰입니다.

STEP 3 연습하기

주어진 조건에 맞게 〈문형연습〉을 해봅시다

I'm doing my homework.

1. Are you?

2. Yes

3. writing a letter?

4. No

Unit 03 ▶ They are cooking dinner.

▶ STEP 1 녹음을 듣고 소리내어 읽어보세요.

A **Where is Emily?**

B **She's in the kitchen.**

A **Is she helping Mother?**

B **Yes. They are cooking dinner.**

A **What are they making?**

B **They are making beef stew.**

✔ **STEP 2** 이것만은 꼭 알아두세요.

Is she helping Mother?

▶ 이것은 지금 돕고 있는지를 묻고 있습니다. mother, father와 같은 가족관계를 나타내는 말은 가족 간에는 고유명사와 같이 사용되어 대문자로 표기할 수 있습니다.

What are they making?

▶ 이 의문문이 어떻게 되어 있는지를 살펴 봅시다.

		They	are	making	beef stew	.
	Are	they		making	beef stew	?
					what	?
What	are	they		making		

▶ make(만들다)의 현재진행형은 -e를 생략하고 -ing를 붙입니다.

그들은 저녁을 만들고 있어요.

A 에밀리는 어디 있나요?

B 부엌에 있어요.

A 어머니를 돕고 있나요?

B 예. 그들은 저녁을 만들고 있어요.

A 무얼 만들고 있죠?

B 쇠고기 국을 만들고 있어요.

● **New Words**

beef stew [biːf stjuː] 쇠고기 국

They are making beef stew.

▶ 대답도 현재진행형으로 합니다.

 STEP 3 연습하기

주어진 조건에 맞게 〈문형연습〉을 해봅시다.

They are making beef stew.

1. Are they?
2. Yes
3. pancakes?
4. No
5. What?
6. beef stew

Unit 04 > Where are you going?

의문사 where과 함께 쓰이는 현재진행형

▶ STEP 1 녹음을 듣고 소리내어 읽어보세요.

A **Where are you going, Steve?**

B **I'm going to school.**

A **Going to school?**

B **Yes. It's 8:20. I have to hurry.**

A **Wait a minute. Today's Sunday!**
There's no school today.

B **Oh, good!**

 STEP 2 이것만은 꼭 알아두세요.

Where are you going, Steve? - I'm going to school.

▶ where로 시작하는 의문문의 구조를 보면 다음과 같습니다.

		I	am	going	to school	.
	Are	you		going	to school	?
Where	are	you		going	where	?

▶ go to school에서 school은 '수업'을 의미하므로 관사는 붙이지 않습니다.
〈연습하기〉에 있는 go to church(교회에 가다)의 church도 '예배'를 의미하므로 관사를 붙이지 않습니다.

어디 가세요?

A 스티브, 어디 가세요?

B 학교에 가고 있어요.

A 학교에 가는 중이라고요?

B 네. 8시 20분이에요. 빨리 가야 해요.

A 기다려요. 오늘은 일요일이에요!

　오늘은 수업이 없어요.

B 아, 잘됐네요!

> ● **New Words**
>
> **Steve** [stiːv] 스티브 〈남자이름〉
>
> **church** [tʃəːrtʃ] 교회

Going to school?

▶ Are you going to school?을 줄여서 말한 것으로 상대방의 말을 다시 반복해서 묻는 것입니다.

 STEP 3 연습하기

주어진 조건에 맞게 〈문형연습〉을 해봅시다.

I'm going to school.

1. Are you?

2. Yes

3. to church?

4. No

5. Where?

6. to school

Unit 05 ▶ Who's singing?

 STEP 1 녹음을 듣고 소리내어 읽어보세요.

A **Who's singing?**

B **My sister. She's a music student.**

A **Does she go to a music school?**

B **Yes, she does.**

A **She has a beautiful voice.**
   Who's playing the piano?

B **My father. He likes music very much.**

✔ **STEP 2** 이것만은 꼭 알아두세요.

Who's singing? - My sister.

▶ My sister.라는 대답은 My sister is singing.을 줄여서 말한 것입니다.

▶ 이 의문문의 구조를 보면 다음과 같습니다.

		My sister	is	singing	.
	Is	your sister		singing	?
		who			
Who	Is			singing	?

▶ 의문사가 주어인 의문문의 어순은 평서문과 같습니다.

Does she go to a music school?

▶ go to school에서는 관사를 붙이지 않지만 학교의 송류를 말하는 경우에는 관사가 붙습니다.

162

누가 노래하고 있나요?

A 누가 노래하고 있나요?

B 제 여동생이에요. 음악을 공부하고 있어요.

A 그녀는 음악학교에 다니나요?

B 그래요.

A 목소리가 좋은데요.

　　누가 피아노를 치고 있나요?

B 우리 아버지세요. 음악을 매우 좋아하시죠.

● **New Words**

sing [síŋ] 노래하다

singing [síŋiŋ] sing의 현재분사형

music [mjú:zik] 음악

voice [vɔis] 목소리

My father.

▶ My father is playing the piano.를 줄여서 말한 것입니다.

 STEP 3 ▷　연습하기

주어진 조건에 맞게 〈문형연습〉을 해봅시다.

My father is playing the piano.

1. Is your father?	4. No
2. Yes	5. Who?
3. your sister?	6. My father

Unit 06 ▶ We're going to have a party.

 STEP 1 녹음을 듣고 소리내어 읽어보세요.

A **We're going to have a party at our home next Saturday evening. Can you come, Sun-hee?**

B **Yes. Thank you.**

   How many people are you going to invite?

A **About fifteen.**

   I'm going to invite Chan-ho and Jane, too.

 STEP 2 이것만은 꼭 알아두세요.

We're going to have a party at our home next Saturday evening.

▶ be going to ~는 형태는 현재분사형과 같지만 뒤에 동사를 붙여 '~할 작정이다, ~하기로 되어 있다'라는 가까운 미래를 나타냅니다.

▶ have a party는 '파티를 열다'의 뜻을 나타냅니다.

Yes. Thank you.

▶ 파티 등에 초대받아 승낙할 때는 Yes. / Yes, I can.에 Thank you.로 감사를 표현합니다.

How many people are you going to invite?

▶ how many는 수를 묻는 말로 문두에 옵니다. how many 다음에는 항상 명사의 복수형이 오며 대답은 yes, no로 할 수 없습니다.

▶ 이 의문문이 어떻게 구성되어 있는지 살펴 봅시다.

파티를 열 예정입니다.

A 다음 주 토요일 밤에 우리 집에서 파티를 열 예정입

니다. 올 수 있나요, 선희?

B 그럼요. 고마워요.

몇 사람을 초대할 건가요?

A 15명 정도요.

찬호와 제인도 초대할 거예요.

● New Words

party [páːrti] 파티

people [píːpl] 사람들

invite [inváit] 초대하다

		I	am	going to	invite	about fifteen people	.
	Are	you		going to	invite	about fifteen people	?
How many people	Are	you		going to	invite	~~how many people~~	?

🔊 **STEP 3** 연습하기

주어진 조건에 맞게 〈문형연습〉을 해봅시다.

We're going to have a party at our home next Saturday evening.

1. Are you?
2. Yes
3. next Sunday evening?
4. No
5. When?
6. next Saturday evening

Unit 07 ▸ I'm going skiing.

A **What are you going to do next Sunday?**

B **I'm going skiing.**

A **With your father?**

B **No, with my friends. My father is going fishing.**

What are you going to do, Jane?

A **I'm going shopping at a department store.**

 STEP 2 ▸ 이것만은 꼭 알아두세요.

I'm going skiing.

▶ 일반적으로 〈go + 동사 -ing〉는 '~하러 가다'를 나타냅니다.

▶ 이 문장은 I'm going to go skiing.과 같고 '스키 타러 갈 예정이다.'라는 미래의 일을 나타내며 왕래(go, come), 발착(start, depart, leave, arrive), 개시(begin) 등에 관한 동사는 현재진행형으로 미래를 나타냅니다.

With your father?

▶ Are you going skiing with your father?를 줄여서 말한 것입니다.

No, with my friends.

▶ No, I'm not. I'm not going skiing with my father. I'm going skiing with my friends.를 줄여서 말한 것입니다.

나는 스키타러 갈 예정입니다.

A 이번 일요일에 뭐 할 겁니까?

B 나는 스키타러 갈 예정입니다.

A 아버지와 같이요?

B 아뇨, 친구들과 같이 갈 겁니다. 아버지는 낚시하러

가셔요. 당신은 뭐 할 거예요, 제인?

A 백화점에 쇼핑하러 갈 거예요.

● New Words

fish [fiʃ] 낚시하다

shop [ʃɑp] 쇼핑하다

supermarket [súːpərmàːrkit]
슈퍼마켓

What are you going to do, Jane?

▶ '그런데 너는?'이라는 의미로 you를 강하게 말합니다.

I'm going shopping at a department store.

▶ '~에 쇼핑하러 가다'의 '~에'에 해당하는 전치사는 at입니다.

▶ shop과 같이 〈단모음 + 자음〉으로 끝나는 말은 자음을 한 번 더 쓰고 -ing를 붙입니다.

 STEP 3 연습하기

주어진 조건에 맞게 〈문형연습〉을 해봅시다.

I'm going shopping at a department store.

1. Are you?
2. Yes
3. at a supermarket?
4. No
5. Where?
6. at a department store

Point 1

현재진행형의 용법

영어에서는 '지금 ~하고 있는 중이다'와 같이 현재 진행 중인 동작을 나타내는데 〈be + 동사 -ing〉형이 사용되며 이것을 현재진행형이라고 부릅니다. 동사에 -ing를 붙인 형태를 동사의 현재분사라고 하는데 현재진행형은 〈be + 현재분사〉가 됩니다. 현재분사를 만드는 법은 보통 동사의 어미에 -ing를 붙여서 studying, reading, listening과 같이 하고 write(쓰다), make(만들다)와 같이 마지막이 -e로 끝나는 동사는 -e를 생략하고 -ing를 붙입니다. 또한 shop(쇼핑하다)과 같이 〈단모음 + 자음글자〉로 끝나는 동사는 shopping과 같이 마지막 자음글자를 중복하여 현재분사를 만듭니다.

(예) I'm doing my homework. 나는 숙제를 하고 있다.

You are reading an English book. 당신은 영어책을 읽고 있다.

He is listening to the radio. 그는 라디오를 듣고 있다.

She's studying English. 그녀는 영어를 공부하고 있다.

We're playing baseball. 우리는 야구를 하고 있다.

They are making beef stew. 그들은 쇠고기 국을 만들고 있다.

이것들은 평서문에서의 각 인칭에 대한 현재진행형의 예입니다. be동사가 주어에 따라 바뀌는 것을 알 수 있습니다.

발음은 be동사를 가볍게 발음하고 현재분사 쪽을 강하게 말합니다. 우리말에는 영어의 현재분사에 해당하는 적절한 말이 없어서 '~하고 있는 중이다, ~하고 있다' 등으로 번역하고 있으므로 영어의 의미와 가장 가깝게 이해하면 됩니다.

또한 현재진행형에서 중요한 것은 현재진행형으로 할 수 있는 동사는 동작을 나타내는 동사에 한한다는 점입니다. 동사에는 상태를 나타내는 동사가 있는데, 지금까지 배운 일반동사로는 know(알고 있다), like(좋아하다), live(살고 있다), want(원하다)의 4가지와 have(가지고 있다), be동사도 상태동사입니다. 이들 상태동사는 I'm knowing him.으로는 할 수 없습니다. 그 이유는 그 자체로 계속적인 것을 나타내기 때문에 진행형으로 할 필요가 없기 때문입니다. 위의 동사

중에는 live만은 예외로 I'm **living** in Seoul. / I **live** in Seoul.로 할 수 있습니다. I'm **living** in Seoul.은 과거나 미래와 구별해서 '현재 서울에 살고 있다'라는 의미입니다. 또한 have는 '가지고 있다'라는 의미에서는 현재진행형으로 할 수 없지만 We're **having** dinner.(우리는 저녁을 먹고 있다.)와 같이 '먹다'라는 의미나 We're **having** a party.(우리는 지금 파티를 하고 있다.)와 같은 '모임 등을 열다'라는 의미로는 현재진행형으로 할 수 있습니다. 상태동사 이외의 study, write, make, go, come 등 지금까지 배운 일반동사는 모두 현재진행형으로 사용할 수 있습니다.

영작을 할 경우에 주의할 점은 우리말의 '~하고 있다'가 반드시 영어에서 현재진행형으로 되지는 않는다는 것입니다. '나는 책을 읽고 있다.'는 I'm **reading** a book.이 되지만, '나는 그를 알고 있다.'는 I **know** him.이라는 상태동사로 해야 하고, '나는 영어를 매일 공부하고 있다.'는 I **study** English every day.로 해야 합니다.

그 이유는 영어의 현재진행에 꼭 맞는 우리말이 없기 때문입니다. 그래서 우리말과 영어의 관계를 잘 알아둘 필요가 있습니다. 먼저 우리말의 '~하고 있다'에 '지금'이라는 말을 넣어서 말이 되는지를 시도해 봅시다. 그것이 가능하다면 일단 영어에서는 현재진행형이 된다고 생각합시다. 다음에 '매일, 항상' 등 습관을 나타내는 말을 붙일 수 있다면 우리말로 '~하고 있다'라고 되어 있어도 영어에서는 현재진행형으로 할 수 없습니다.

영어에서는 습관을 말할 때는 I **study** English every day.와 같이 현재형을 사용합니다.

현재진행형의 의문문은 be동사와 주어의 어순을 바꾸고 말끝을 올립니다.

와 같이 합니다. 대답은 긍정이면

Yes, she is.

부정이면

No, she isn't.

가 됩니다. Yes, No 부분과 is, isn't를 강하게 발음합니다.

부정문은 be동사와 현재분사 사이에 not를 넣습니다.

그러나 회화에서는 be동사와 not를 단축해서 aren't, isn't와 같이 말하는 것이 보통입니다.

Is she studying English?에 완전응답으로 대답하면 긍정이라면

Yes, she is. She's studying English.

부정이라면

No, she isn't. She isn't studying English.

가 됩니다. She's not studying English.와 같이 주어와 be동사의 단축은 부정의 의미를 다소 강조하는 말이 됩니다.

Are you doing your homework?
숙제를 하고 있습니까?

- Yes, I am.
예, 그렇습니다.

Is he reading a book?
그는 책을 읽고 있습니까?

- No, he isn't. He's listening to the radio.
아닙니다. 라디오를 듣고 있습니다.

They aren't making beef stew. They're making pancakes.
그들은 쇠고기 국을 만들고 있지 않습니다. 팬케이크를 만들고 있습니다.

의문사가 있는 의문문은 의문사를 문장 앞에 가져 옵니다.

What are they making?   그들은 무엇을 만들고 있습니까?
- **They're making beef stew.**   그들은 쇠고기 국을 만들고 있습니다.

의문사가 주어인 의문문의 어순은 평서문과 같습니다.

Who is singing?   누가 노래하고 있습니까?
- **Mary is (singing).** 메리가 하고 있습니다.

와 같이 **is**로 끊고 뒤는 생략해도 좋습니다.

Point 2 현재진행형이 나타내는 의미

현재진행형은 '지금 ~하고 있다'라는 현재 진행 중인 동작을 나타내는 말로 별다른 의문은 없을 것 같지만 이런 경우를 생각해 볼 수 있습니다.
예를 들면 누군가가

Let's play baseball.   야구합시다.

과 같이 권유했을 경우

Well, I'm doing my homework.   저, 지금 숙제하고 있어요.

라고 대답했다고 합시다. 이것은 책상을 떠나서 현관 등에서 그 친구와 이야기하고 있는 상황일 것입니다. 그렇다면 잠깐 동안이더라도 현재는 숙제를 하고 있는 것이 아니게 됩니다. 또한 식사 중의 대화에서 '지금 영어 편지를 쓰는 중이죠.'라고 한다면 영어로는

I'm writing a letter in English.

라고 하는데 이 경우도 현재 하고 있는 동작은 편지를 쓰고 있는 것이 아니라 식사를 하고 있는 것입니다. 따라서 어떤 순간에는 동작이 진행 중이 아니라도 그 동작이 아직 끝나지 않은 또는 진행 중인 경우에는 현재진행형을 씁니다. 이것은 우리말에서와 같은 식으로 생각하면 됩니다.

Point
3

be going to ~

'~할 예정이다, ~하려고 한다'와 같은 미래의 예정이나 계획은 be going to ~를 써서 나타냅니다. be going to는 형태는 be동사에 go의 현재분사와 to가 붙어 있어서 현재진행형과 같지만 진행의 의미는 없고 뒤에 오는 동사에 의미를 더해 줍니다. 이 점에서는 조동사와 비슷합니다.

(예) I'**m going to** write a letter this afternoon.
오늘 오후 편지를 쓸 작정입니다.

We'**re going to** have a party next Saturday.
우린 토요일에 파티를 열 계획입니다.

만일 뒤에 동사가 오지 않고

I'**m going to** school.

이라고 하면 '나는 학교에 가는 중이다.'라는 현재진행형이 됩니다. (그렇지 않은 경우에 대해서는 나중에 설명하겠습니다.)

be going to의 발음은 going의 go에 가벼운 악센트를 두고 be와 to는 가볍고 약하게 발음하고 be going to를 끊지 말고 한 번에 발음하도록 합니다.

의문문은 현재진행형과 같이 주어와 be동사의 어순을 바꾸면 됩니다. 대답하는 방법도 현재진행형의 경우와 같으며 부정문도 현재진행형과 같이 be와 going 사이에 not를 넣어서 만듭니다.

(예) Are you going to have a party next Saturday?
토요일에 파티를 열겁니까?

- Yes, we are. 예.

How many people are you going to invite?
몇 사람을 초대할 예정입니까?

- We're going to invite twenty people.
20명을 초대할 예정입니다.

go -ing 형

'~하러 가다'는 go 뒤에 동사 -ing형을 씁니다. 예를 들면

go shopping	쇼핑하러 가다
go fishing	낚시하러 가다
go skiing	스키 타러 가다
go skating	스케이트를 타러 가다

과 같이 합니다. 그러나 아무 동사나 이런 식으로 말할 수 있는 것은 아니고 의미상 '~하러 가다'에 어울리는 동사에 한합니다.

(예) **Where are you going?**   어디에 가십니까?
    - **I'm going shopping.**   쇼핑하러 갑니다.

현재진행형이 미래를 나타내는 경우

현재진행형은 '지금 ~하고 있다'라는 현재 진행 중인 동작을 나타내는 것이 본래의 의미입니다. 그러나 경우에 따라서는 미래를 나타내어 '~할 예정이다, ~할 것이다' 즉, **be going to**와 같은 내용을 나타낼 수 있습니다. 보통 왕래(go, come), 발착(start, depart, leave, arrive), 개시(begin) 등에 관한 동사에 한합니다.

(예) **What time are you going to leave tomorrow?**
    내일 몇 시에 떠날 예정입니까?

    - **I'm going to leave at 7 a.m.**
    아침 7시에 시에 떠날 예정입니다.

Part 07 Exercise

1 다음의 의미를 말해 봅시다.

① Are you doing your homework?

   - No, I'm writing a letter.

② What are you doing?

   - We're cleaning our room.

③ Where are you going?

   - I'm going to school.

2 다음 영문을 보기와 같이 먼저 의문문으로 바꾸고, 굵게 표시한 부분을 의문사가 있는 의문문으로 만들어 봅시다. (I, we는 you로, you는 I로)

| 보기 |

I'm studying **English**.

a. Are you studying English?

b. What are you studying?

① Jin-woo is reading **an English book**.

② We're making **pancakes**.

③ I'm going **to the department store**.

④ I'm going to read **three books** tomorrow.

3 다음을 영작해 봅시다.

① 찬호는 지금 뭘 하고 있습니까? 자기 방에서 라디오를 듣고 있습니다.

② 오는 일요일에는 뭘 할 겁니까? 강으로 낚시하러 갈 겁니다.

※ '강으로' in the river

날씨 · 계절 ·
월의 표현

Unit 01 How is the weather this morning?

 STEP 1 녹음을 듣고 소리내어 읽어보세요.

A How's the weather this morning?
B I don't know. Let's look out the window.
A Is the weather good?
B No, it's snowing.
A Snowing?
B Yes. There's snow everywhere.
A Let's go out and make a snowman.
B Yes, let's.

STEP 2 이것만은 꼭 알아두세요.

How's the weather this morning?

▶ 날씨를 묻는 가장 일반적인 표현입니다. this morning 위치에 this afternoon, this evening 등 여러 가지 말을 넣어 응용할 수 있습니다.

▶ '오늘 아침'은 특정한 때이므로 weather에 정관사 the가 붙습니다.

Let's look out the window.

▶ 이 out은 '~에서 밖으로'라는 전치사로 look out the window는 '창문 밖을 보다'라는 뜻입니다.

No, it's snowing.

▶ it은 날씨를 나타내는 비인칭 주어로 특별히 받는 것은 없습니다.

▶ snowing은 snow '눈이 내리다'의 현재분사형입니다.

오늘 아침 날씨 어때요?

A 오늘 아침 날씨 어때요?

B 모르겠어요. 창문 밖을 보죠.

A 날씨 좋나요?

B 아뇨, 눈이 내리고 있어요.

A 눈이 온다고요?

B 네. 온통 눈이에요.

A 밖으로 나가서 눈사람을 만들어요.

B 좋아요.

● **New Words**

weather [wéðər] 날씨

out [aut] ~에서 밖으로, 밖에

snow [snou] 눈이 내리다 , 눈

everywhere [évrihwèər]
모든 곳에

snowman [snóumæn] 눈사람

cloudy [kláudi] 흐린

rain [rein] 비가 내리다

Snowing?

▶ Is it snowing?을 줄인 것으로 놀라서 상대방이 말한 것을 다시 반복해서 묻는 표현입니다.

Let's go out and make a snowman.

▶ let's는 '~하자'의 뜻으로 권유의 표현입니다.

▶ go out의 out은 '밖으로'라는 부사입니다.

◀ STEP 3 연습하기

보기와 같이 대답해 봅시다.

┌─────────────────────────────── | 보기 |
│
│ How's the weather today?
│ (fine)   It's fine today.
│
└───────────────────────────────────

1. cloudy   2. raining   3. snowing

177

Unit 02 > It's very hot.

 STEP 1 녹음을 듣고 소리내어 읽어보세요.

A **Is it cold in the winter in Korea?**

B **Yes. In the North it's very cold.**

A **Is it hot in the summer?**

B **Yes. It's very hot.**

A **Are fall and spring pleasant seasons here?**

B **Yes, they are.**

 STEP 2 이것만은 꼭 알아두세요.

Is it cold in the winter in Korea?

▶ 온도도 it을 주어로 하며 비인칭 주어이므로 해석하지 않습니다.

▶ in the winter는 '겨울에'의 뜻으로 일반적으로 in을 붙여 '봄에, 여름에' 등으로 할 때는 정관사를 붙여도 되고 붙이지 않아도 됩니다.

In the North it's very cold.

▶ the North는 '북부지방'이라는 의미이지만 north라고 소문자로 쓰면 '북쪽의'라는 형용사 또는 명사가 됩니다.

▶ in the North(북부지방에서)를 강조하기 위해 문장 앞에 왔습니다.

1000이상의 기수

▶ 100   one hundred   101   one hundred and one

   102   one hundred and two   110   one hundred and ten

아주 덥습니다.

A 한국의 겨울은 추워요?

B 예. 북쪽 지방은 아주 추워요.

A 여름은 더워요?

B 예. 아주 덥습니다.

A 한국의 봄과 가을은 좋은 계절이에요?

B 그래요.

New Words

cold [kould] 추운
winter [wíntər] 겨울
the North [ðə nɔːrθ] 북부지방
hot [hɑt] 더운
summer [sʌ́mər] 여름
fall [fɔːl] 가을
spring [spriŋ] 봄
pleasant [pléznt] 기분 좋은
season [síːzn] 계절

111 one hundred and eleven   120 one hundred and twenty

122 one hundred and twenty-two

와 같이 **100**에 **1**부터 **99**까지의 수를 첨가해서 말합니다.

200 two hundred   300 three hundred   1,000 one thousand

🔊 **STEP 3** 연습하기

주어진 조건에 맞게 〈문형연습〉을 해봅시다.

It's cold in the winter in Korea.

1. Is it?
2. Yes
3. in the spring?
4. No
5. When?
6. in the winter

Unit 03 > How many months are there in a year?

 STEP 1 > 녹음을 듣고 소리내어 읽어보세요.

A **How many months are there in a year?**

B **There are twelve.**

A **What are they?**

B **They are January, February, March, April,**

May, June, July, August, September, October,

November, and December.

 STEP 2 > 이것만은 꼭 알아두세요.

How many months are there in a year?

▶ months [mʌnθs]는 [mʌns]로 발음할 수도 있습니다.

▶ in a year는 '1년 중에는'라는 뜻입니다.

What are they?

▶ are에 강한 강세가 있습니다.

They are January, February, ... November, and December.

▶ 이름을 순서대로 열거할 때는 보통 A, B, C, D(,) and E와 같이 마지막에 and를 넣습니다.

▶ 발음은 콤마의 위치에서 올리는 어조로 마지막에서 내리는 어조로 합니다.

▶ 월 이름은 고유명사이므로 첫 글자를 대문자로 표기합니다.

1년은 몇 달입니까?

A 1년은 몇 달입니까?

B 12달입니다.

A 무엇입니까?

B 1월, 2월, 3월, 4월, 5월,

6월, 7월, 8월, 9월, 10월,

11월, 12월입니다.

New Words

month [mʌnθ] 월

year [jiə:r] 년

▶ 월 이름은 Jan.= January와 같이 생략해서 쓸 수 있으며 이 경우에는 생략 표시로 피리어드(.)를 찍습니다.

STEP 3 연습하기

다음을 영어로 말해 봅시다.

1. 3월 3일	2. 5월 5일	3. 8월 21일
4. 10월 12일	5. 12월 25일	6. 1월 1일
7. 4월 16일	8. 2월 8일	9. 6월 6일
10. 7월 4일	11. 9월 20일	12. 11월 9일

Point
1

날씨 표현

'오늘 날씨는 어떻습니까?'는 How's the weather today?라고 합니다. today 자리에 this morning(오늘 아침), this evening(오늘 밤) 등을 넣어,

How's the weather this morning?	오늘 아침 날씨 어떻습니까?
How's the weather this evening?	오늘 저녁 날씨 어떻습니까?

등으로 활용합니다. 이것은 예를 들면 방 안에 있어서 외부의 상태를 모를 경우 등에 묻는 질문입니다.

What's the weather like today?	오늘 날씨 어때요?
How's the weather out there?	바깥 날씨는 어때요?
Isn't it a wonderful day?	날씨가 참 좋죠?
Do you like this kind of weather?	이런 날씨 좋아하세요?

대답은

It's fine this morning.   오늘 아침 날씨 좋군요.

이라고 합니다. fine은 '날씨가 좋은'이라는 형용사이고 it은 날씨·기온 등을 말할 때 이용하는 특별한 it입니다. 앞에서 시간에 사용하는 it은 공부했지만 이 it도 같은 용법입니다. 이 it은 앞의 것을 받는 대명사가 아니라는 것을 알아둡시다. 시간의 경우와 같이 날씨·온도의 표현도 it을 주어로 해서 나타냅니다.

(예) It's raining.	비가 온다.
It's cloudy.	흐리다.
It's snowing.	눈이 온다.

또한 '날씨가 좋다[나쁘다]'는 The weather is good[bad].과 같이 weather를 주어로 말할 수도 있습니다.

(예) Is the weather good?	날씨가 좋나요?

- No, it isn't. It's bad.   아뇨, 안 좋아요.

대답의 it은 날씨·온도의 it이 아니고 weather를 받는 대명사 it입니다. weather
에는 보통은 관사를 붙이지 않지만 '오늘의 날씨, 내일의 날씨'와 같이 특정한 날의
날씨를 말할 때는 **the**를 붙입니다.

Point 2 기온 표현

'덥다, 춥다'라는 기온도 날씨와 같이 **it**을 주어로 합니다.

(예)		
	It's clear.	맑아요.
	It's warm.	따뜻해요.
	It's hot.	더워요.
	It's very hot.	무척 더워요.
	It's boiling.	찌는 듯해요.
	It's humid.	눅눅해요.
	It's cool.	시원해요.
	It's cold.	추워요.

warm [wɔːrm]은 '따뜻한', cool [kuːl]은 '시원한'이라는 뜻의 형용사입니다.

〈질문과 대답 예〉

Is it cold in the winter in Korea?   한국은 겨울이 춥습니까?
- Yes, it is. It's very cold.   예, 매우 춥습니다.
Is it hot in the summer?   여름은 덥습니까?
- Yes, it is. It's very hot.   예, 매우 덥습니다.

Is it warm in the winter in Korea?   한국은 겨울이 따뜻합니까?
- No, it isn't. It's cold.   아뇨, 춥습니다.

Point 3

계절 이름

계절은

spring 봄   summer 여름   fall 가을   winter 겨울

라고 합니다. 영국에서는 autumn을, 미국에서는 autumn보다는 fall 쪽을 더욱 많이 사용합니다. fall은 '떨어지다'라는 의미의 동사이기도 하지만 '낙엽이 떨어지다'에서 '가을'이라는 의미가 된 것입니다. '봄에, 가을에' 등과 같이 in을 붙여서 말할 때는 in the spring, in the summer와 같이 the를 붙일 수도 있고, in spring, in summer와 같이 정관사가 없어도 됩니다. 단 in the spring에는 the를 붙이지만 기타 계절은 관사 없이 사용할 때가 많습니다. 그러나 '올 여름'과 같은 특정한 여름에는 the를 붙여야 합니다.

월 이름은

January [dʒǽnjuèri] 1월	February [fébruèri] 2월
March [mɑːɾtʃ] 3월	April [éiprəl] 4월
May [mei] 5월	June [dʒuːn] 6월
July [dʒuːlái] 7월	August [ɔ́ːgəst] 8월
September [səptémbəɾ] 9월	October [ɑktóubəɾ] 10월
November [nouvémbəɾ] 11월	December [disémbəɾ] 12월

라고 부릅니다. February는 [fébruəri]라고 발음할 수도 있고 월 이름의 첫 글자는 반드시 대문자로 표기합니다. 또한 '~월에'는 in이라는 전치사를 써서 It's very cold in January.(1월은 매우 춥다.)라고 합니다.

월 이름은 날짜 등을 말할 때는 약자로 쓰는 경우가 많습니다.

Jan., Feb., Mar., Apr., May, Jun., Jul., Aug., Sep또는 Sept., Oct., Nov., Dec.와 같이 처음부터 3글자(9월은 Sept.도 사용된다.)로 줄이고 뒤에 피어리어드(.)를 찍습니다. 그러나 May는 원래 3글자여서 그대로 쓰고 피어리드도 찍지 않습니다.

Point
4

날짜 표현

월일은 월 이름 다음에 날짜를 서수(first, second, third …)로 말하며 날짜에 the를 붙일 수도 있고 붙이지 않아도 됩니다.

(예) February the second   2월 2일

April the tenth   4월 10일

August the twenty-first   8월 21일

일기, 편지 등에는 February 2 또는 Feb. 2와 같이 아라비아 숫자로 날짜를 쓰는 것이 보통이며 2nd, 3rd와 같이 -nd, -rd나 -th를 반드시 붙일 필요는 없습니다.

요일과 함께 사용할 때는 Sunday, January 27과 같이 요일을 날짜 앞에 넣고 콤마를 넣습니다. 요일이 앞에 오는 이유는 유럽에서는 날짜보다 요일이 일상생활의 기반이기 때문이며 그리스도교에서 유래하는 관습입니다.

연도는 August 27, 2010와 같이 날짜와 연도를 콤마로 구분하며 일반적으로 연도는 2단위씩 끊어 읽어서 2010년은 twenty ten으로 읽습니다

Point
5

셋 이상의 명사를 나열할 때

월 이름을 January, February, March, … and December 등으로 나열할 때는 하나씩 가볍게 올려서 말하고 마지막의 and December를 내려서 말합니다. and는 마지막 명사 앞에 붙입니다. 표기하는 경우에는 하나씩 콤마로 나누고 마지막 and 앞에는 콤마를 붙일 수도 있고 붙이지 않아도 됩니다. 일반적으로는 A, B, C, D(,) and E와 같이 합니다.

하나씩을 올려서 말하지 않고 내려서 말하는 게 틀리다는 것은 아니고 하나씩 가볍게 올려서 말하는 것이 일반적이라는 것입니다. 내려서 말하면 하나씩 특별히 강조하는 느낌이 됩니다. 예를 들면 권투에서 다운된 선수에게 심판이 카운트를 할 때는 one, two, three, four …와 같이 내려서 말하는데 이것은 하나씩 하나씩 숫자를 강조하는 것입니다.

Part 08 Exercise

1 다음을 읽고 의미를 말해 봅시다.

① How's the weather this morning?

- It's raining.

② Is it cold in the winter in Canada?

- Yes, it's very cold.

③ It's hot today.

- Yes, it's very hot. I don't like summer.

2 (　　)속에 적당한 말을 넣어서 문장을 완성해 봅시다.

*(　　)속에는 한 단어만을 넣고 단축형은 한 단어로 취급합니다.

① (　　　　) cold in the winter in the North.

② How's the weather today?

- I don't know. Let's look (　　　) the window.

③ How many (　　　) are there in a year?

- There are twelve.

3 다음을 영어로 말해 봅시다.

① 2월 18일　　　　② 5월 20일　　　　③ 8월 8일

④ 10월 30일　　　　⑤ 12월 5일

4 다음을 영어로 말해 봅시다.

① 148　　　　② 206　　　　③ 989

④ 1,208　　　　⑤ 6,532

형용사
비교표현_1

Unit 01 How old are you?

STEP 1 녹음을 듣고 소리내어 읽어보세요.

A **How old are you, Mike?**

B **I'm thirteen years old.**

Are you thirteen, too?

A **Yes, I am. How old is your little sister?**

B **She's nine. She's in the fourth grade.**

STEP 2 이것만은 꼭 알아두세요.

How old are you, Mike? - I'm thirteen years old.

▶ 나이를 묻고 대답하는 표현입니다. '~살입니다'는 be ~ years old, '몇 살입니까?'는 How old ~?라고 합니다. old는 '나이가 ~살인'이라는 의미로 의문문은 다음과 같이 만듭니다.

		I	am	thirteen years old	.
	Are	you		thirteen years old	?
How old	are	you		how old	

How old are you?

▶ How old는 how와 old를 같은 강세로 말합니다.

Are you thirteen, too?

▶ '~살'의 years old는 때때로 생략됩니다.

몇 살이에요?

A 몇 살이에요, 마이크?

B 저는 13살이에요.

   당신도 13살인가요?

A 그래요. 여동생은 몇 살인가요?

B 9살이요. 4학년이에요.

New Words

grade [greid]
초등학교 · 중학교의 학년

She's in the fourth grade.

▶ 미국에서는 초등학교·중학교(때로는 고등학교) 학년을 grade라고 합니다.

 STEP 3 연습하기

주어진 조건에 맞게 〈문형연습〉을 해봅시다.

I'm thirteen years old.

1. Are you?
2. Yes
3. fourteen?
4. No
5. How old?
6. thirteen

Unit 02 I'm two years older than you.

 STEP 1 녹음을 듣고 소리내어 읽어보세요.

A **How old are you, Bill?**

B **I'm fifteen, Alice.**

A **Really? Then you are older than I am.**

B **That's right. I'm two years older than you.**

And you are two years younger than I.

✓ **STEP 2** 이것만은 꼭 알아두세요.

Then you are older than I am.

▶ '~보다 나이가 많다'는 old에 -er을 붙인 비교급을 쓰고 '~보다'라는 의미의 than을 이용합니다. old는 '늙은'의 의미이지만 이와 같이 비교급을 이용하면 단순히 나이가 '많다'는 것을 나타냅니다.

▶ than 뒤는 than I로 be동사를 생략할 수 있습니다.

▶ than I am에서는 I에 강세가 있습니다.

I'm two years older than you.

▶ '보다 나이가 ~살 위다'는 이 문장처럼 비교급 앞에 '~살'에 해당하는 말을 넣습니다.

▶ than you는 than you are라고 해도 됩니다.

And you are two years younger than I.

▶ younger는 young의 비교급으로 young은 '젊은'이라는 의미이지만 비교급으로 하면 '~보다

나는 당신보다 2살 많아요.

A 몇 살이에요, 빌?

B 15살이에요, 앨리스.

A 그래요? 그럼 당신은 나보다 나이가 많군요.

B 맞아요. 나는 당신보다 2살 많아요.

그리고 당신은 나보다 2살 어려요.

'나이가 적다'는 것을 나타냅니다. 발음은 young [jʌŋ]에는 없는 [g]음이 들어갑니다.

▶ '~살'에 해당하는 말을 비교급 앞에 넣습니다.

▶ than I는 than I am이라고 해도 됩니다.

🔊 **STEP 3** 연습하기

주어진 조건에 맞게 〈문형연습〉을 해봅시다.

I'm older than you are.

1. Are you?
2. Yes
3. younger?
4. No
5. How many years older?
6. two years

191

Unit 03 > How tall are you?

 STEP 1 녹음을 듣고 소리내어 읽어보세요.

A **How tall are you, Mike?**

B **I'm 170 centimeters tall.**
How tall are you, Alice?

A **165 centimeters.**

B **Then I'm five centimeters taller than you are.**

A **That's right.**
I'm five centimeters shorter than you.

✓ **STEP 2** 이것만은 꼭 알아두세요.

How tall are you?

How	old	are	you	?
How	tall	are	you	?

▶ 보통 '얼마나 ~입니까?'는 How ~ are you?로 표현합니다. ~ 위치에 old-young, tall-short와 같은 반대의 의미를 가진 말 중에 old, tall과 같은 '정도'의 큰 쪽을 사용합니다. How young are you?는 어리다는 것을 문제로 할 경우에만 사용합니다.

I'm 170 centimeters tall.

▶ I'm ~ tall.은 '키가 ~이다'의 뜻입니다. cf. I'm thirteen years old.

165 centimeters.

▶ I'm 165 centimeters tall.을 줄인 형태입니다.

nininininininimunizammuzam

키가 얼마나 되죠?

A 키가 얼마나 되죠, 마이크?

B 170센티미터요.

당신은 키가 얼마에요, 앨리스?

A 저는 165센티미터예요.

B 그러면 내가 당신보다 5센티미터 더 크군요.

A 맞아요.

나는 당신보다 5센티미터 작아요.

● **New Words**

centimeter [séntəmìːtər]
센티미터

taller [tɔːlər] ~보다 키가 큰
〈tall의 비교급〉

shorter [ʃɔːrtər] ~보다 키가 작은
〈short의 비교급〉

Then I'm five centimeters taller than you are.

▶ taller는 tall의 비교급으로 '~만큼 키가 크다'는 '~'에 해당하는 말을 비교급 앞에 놓습니다.
cf. I'm two years older than you are.

▶ 1부터 12까지의 수는 계산이나 숫자를 나열할 때 외에는 문자로 씁니다.

 STEP 3 연습하기

주어진 조건에 맞게 〈문형연습〉을 해봅시다.

I'm five centimeters taller than you.

1. Are you?
2. Yes
3. four centimeters?
4. No
5. How many centimeters?
6. five centimeters

Unit 04 ▶ Who's taller, Betty or I?

 STEP 1 녹음을 듣고 소리내어 읽어보세요.

A **Who's taller, Betty or I?**

B **Let's see. Betty is a little taller than you, Emily.**

A **Really? Am I shorter than she is?**

B **Well, please stand side by side.**

A **Now who's taller?**

B **Don't stand on your tiptoes, Emily.**
O.K. Betty and you are about the same height.

 STEP 2 이것만은 꼭 알아두세요.

Who's taller, Betty or I?

▶ 두 사람에 대해 '누가 더 ~입니까?'는 Who is (비교급), A or B?라는 문형으로 합니다.

▶ A or B는 'A or B 의문문'과 같이 A 뒤에서 올리고 B 뒤에서는 내립니다.

Let's see.

▶ 바로 대답할 수 없는 경우에 사용합니다.

Betty is a little taller than you, Emily.

▶ Who's taller ~?의 대답입니다. 이것은 의문사가 있는 의문문에 대한 대답이므로 yes, no는
사용하지 않습니다.

Now who's taller?

▶ Who's taller(, Betty or I)?의 부분은 이미 알고 있는 것이므로 생략합니다.

베티와 나 중에 누가 큰가요?

A 베티와 나 중에 누가 큰가요?

B 어디 보자. 베티가 당신보다 조금 커요, 에밀리.

A 그래요? 제가 더 작다고요?

B 한번 나란히 서 봐요.

A 이제, 누가 키가 큰가요?

B 에밀리, 발뒤꿈치 들지 마요.

   좋아요. 베티와 당신은 키가 비슷하군요.

● New Words

Betty [beti] 여자 이름
Let's see. [lets si:] 어디 보자, 글쎄
a little [ə lítl] 약간, 조금
well [wel] 그러면
stand [stænd] 서다
side by side [said bai said] 나란히
tiptoe [típtò] 발끝
same [seim] 같은
height [hait] 높이, 키

Betty and you are about the same height.

▶ 보통 'A와 B는 비슷하다'라고 할 때의 문형입니다. height 대신에 '나이'의 age[eid]를 사용해서 A and B are the same age.라고 하면 'A와 B는 나이가 비슷하다'가 됩니다.

STEP 3 연습하기

주어진 조건에 맞게 〈문형연습〉을 해봅시다.

Betty is taller than Emily.

1. Is Betty?
2. Yes
3. Is Emily?
4. No
5. Who, Betty or Emily?
6. Betty

Unit 05 ▶ Which is bigger, the United States or Canada?

 STEP 1 녹음을 듣고 소리내어 읽어보세요.

A **Which is bigger, the United States or Canada?**

B **Let's look at the world map.**

Canada is bigger than the United States.

A **Is Britain bigger than the United States?**

B **No. It's much smaller than the United States.**

 STEP 2 이것만은 꼭 알아두세요.

Which is bigger, the United States or Canada?

▶ 이 문장은 선택의문문으로 'Which is (비교급), A or B?'의 문형입니다. A에서 올리고 B에서 내립니다.

▶ big과 같이 〈단모음 + 자음글자〉의 형용사의 비교급은 자음글자를 중복하고 -er을 붙입니다.

Let's look at the world map.

▶ Let's는 '~합시다'의 뜻입니다.

▶ look at은 '~을 보다'의 뜻입니다.

Is Britain bigger than the United States?

▶ Britain이란 그레이트 브리튼섬(Great Britain)과 북아일랜드(Northern Ireland)를 포함하는 연합왕국(The United Kingdom)의 약칭으로 우리가 보통 영국이라고 할 때는 Britain을 가리킵니다.

미국과 캐나다 중 어느 나라가 큽니까?

A 미국과 캐나다 중 어느 나라가 큽니까?

B 세계지도를 보죠.

캐나다가 미국보다 크네요.

A 영국은 미국보다 큰가요?

B 아뇨, 미국보다 훨씬 작아요.

> ● **New Words**
>
> **Canada** [kǽnədə] 캐나다
>
> **bigger** [bigər] ~보다 큰
> 〈big의 비교급〉
>
> **world** [wəːrld] 세계
>
> **Britain** [brítn] 영국
>
> **much** [mʌtʃ]
> 〈비교급에 붙어〉 매우, 훨씬
>
> **smaller** [smɔːlər] ~보다 작은
> 〈small의 비교급〉

It's much smaller than the United States.

▶ 비교급을 강조해서 '매우, 훨씬'이라고 할 때는 very가 아니라 much를 사용합니다.

▶ 비교급 앞에는 much, still, far, even, a lot 등의 수식어를 쓸 수 있습니다.

(예) He's **much** older than I.   그는 나보다 훨씬 나이가 많다.

　　 She is **even** taller than her father.   그녀의 아버지도 큰데, 그녀는 그런 아버지보다도 크다.

🔊 **STEP 3** ▷ 연습하기

주어진 조건에 맞게 을 해봅시다.

Britain is smaller than the United States.

1.　Is Britain?	4.　No
2.　Yes, much	5.　Is Korea?
3.　Is Canada?	6.　Yes, much

197

Unit 06 > You are the oldest of the three.

 STEP 1 녹음을 듣고 소리내어 읽어보세요.

A **How old are you, John?**

B **I'm twelve.**

A **How old is Tom?**

B **He's eleven.**

A **Is Paul older than Tom?**

B **No, he's younger than Tom.**

A **Then you're the oldest of the three.**

 STEP 2 이것만은 꼭 알아두세요.

I'm twelve.

▶ I'm twelve (years old).의 (   )의 부분이 생략되었습니다.

No, he's younger than Tom.

▶ '나이가 적다'는 대답이므로 younger에 강세가 있습니다.

Then you're the oldest of the three.

▶ '가장 ~인'이라는 의미는 형용사에 -est를 붙여 나타내며 이것을 최상급이라고 합니다. 비교급 〈형용사 + er〉과 최상급에 대해 형용사 원래의 형태를 원급이라고 부릅니다. 즉, 형용사에는 원급·비교급·최상급이라는 비교변화가 있습니다.

원급	비교급	최상급
old	older	oldest

▶ 최상급에는 보통 정관사 the를 붙입니다.

198

당신이 셋 중에 가장 나이가 많네요.

A 몇 살인가요, 존?

B 12살이요.

A 톰은 몇 살이죠?

B 11살이요.

A 폴은 톰보다 나이가 많나요?

B 아뇨, 그는 톰보다 어려요.

A 그럼, 당신이 셋 중에 가장 나이가 많네요.

● **New Words**

oldest [ouldist] 가장 나이가 많은 〈old의 최상급〉

of [ɑv, ʌv] 〈최상급에서〉 ~중에서

▶ the oldest는 the oldest boy의 boy가 생략된 것으로 최상급 다음에 오는 명사는 보통 생략해서 〈the + 최상급〉으로 '가장 ~인 사람[사물]'을 가리킵니다.

▶ '~인 중에서'는 of로 나타냅니다.

STEP 3 연습하기

주어진 조건에 맞게 〈문형연습〉을 해봅시다.

I'm the oldest of the three.

1. Are you?
2. Yes
3. Is Tom?
4. No
5. Who?
6. I

Unit 07 | He's the tallest boy in our class.

 STEP 1 녹음을 듣고 소리내어 읽어보세요.

A **Do you know George?**

B **Yes, I do. He's the tallest boy in our class.**

A **Really? Is he taller than you?**

B **Yes. I'm the second tallest in our class.**

STEP 2 이것만은 꼭 알아두세요.

He's the tallest boy in our class.

▶ tallest는 tall의 최상급입니다.

▶ 최상급에는 정관사 the를 붙입니다.

▶ '~중에서'의 '3명, 20명, 전체' 등 확실한 수는 of를 쓰며 그 외에는 in을 씁니다.

I'm the second tallest in our class.

▶ the second tallest는 '두 번째로 키가 큰 (사람)'. 이것은 the second oldest '두 번째로 나이가 많은 (사람)', the third tallest '세 번째로 키가 큰 (사람)', the fourth tallest '네 번째로 키가 큰 (사람)'으로 활용할 수 있습니다.

▶ the second tallest 뒤에는 boy가 생략되어 있습니다.

그는 우리 반에서 키가 가장 커요.

A 당신은 조지를 아나요?

B 그래요. 그는 우리 반에서 키가 가장 커요.

A 그래요? 당신보다 키가 큰가요?

B 네. 저는 우리 반에서 두 번째로 키가 커요.

● **New Words**

tallest [tɔːlist] 가장 키가 큰
〈tall의 최상급〉

class [klæs] 학급, 반

🔊 **STEP 3** 연습하기

주어진 조건에 맞게 〈문형연습〉을 해봅시다.

George is the tallest boy in our class.

1. Is George?   4. No
2. Yes   5. Who?
3. Are you?   6. George

more, most가 붙는 비교급과 최상급

Unit 08 The red tulips are the most beautiful of all.

 STEP 1 녹음을 듣고 소리내어 읽어보세요.

A **What a nice greenhouse!**

B **Thank you.**

A **Do you grow only tulips?**

B **Yes. I grow white ones, red ones, and yellow ones.**

A **The red tulips are more beautiful than the yellow ones.**

B **Do you think so?**

A **Yes. The red tulips are the most beautiful of all.**

 STEP 2 이것만은 꼭 알아두세요.

What a nice greenhouse!

▶ what의 감탄 표현입니다.

The red tulips are more beautiful than the yellow ones.

▶ beautiful과 같은 긴 형용사(보통 2음절 이상의 대부분의 형용사)는 -er을 붙이지 않고 more를 앞에 붙여 비교급을 만듭니다. 최상급일 때는 most를 쓰며 more에는 그다지 강한 강세를 두지 않고 발음합니다.

▶ the가 붙어 있으므로 이 온실 안에 있는 모든 튤립을 비교하고 있습니다.

Do you think so?

▶ so는 앞 문장의 내용을 받습니다.

빨간 튤립이 가장 예뻐요.

A 온실이 멋진데요!

B 고마워요.

A 튤립만 기르나요?

B 그래요. 흰 튤립, 빨간 튤립, 노란 튤립을 기르고 있어요.

A 빨간 튤립이 노란 것보다 예쁘군요.

B 그렇게 생각하세요?

A 그래요. 빨간 튤립이 가장 예뻐요.

● **New Words**

greenhouse [gríːnhàus] 온실

grow [grou] 재배하다

yellow [jélou] 노란

think [θiŋk] 생각하다

so [sou] 그렇게

more [mɔːr] 1음절 이상의 형용사에 붙어 비교급을 만드는 말

most [moust] 2음절 이상의 형용사에 붙어 최상급을 만드는 말

The red tulips are the most beautiful of all.

▶ more를 붙이는 형용사는 -est 대신에 most를 붙여서 최상급을 만듭니다.

▶ 정관사 the는 most 앞에 붙습니다.

▶ the most beautiful은 '가장 예쁜 것(튤립)'의 뜻입니다.

▶ of all은 '모든 것(튤립) 중에서'의 뜻입니다.

 STEP 3 연습하기

주어진 조건에 맞게 〈문형연습〉을 해봅시다.

The red tulips are more beautiful than the yellow ones.

1. Are the red tulips?
2. Yes
3. Are the white tulips?
4. No
5. Which tulips … the most beautiful?
6. the red tulips

Point 1

나이 표현

비교 표현을 배우기 전에 그 기초가 되는 나이와 키 표현을 확실히 알아둡시다.
먼저 '나는 13살입니다.'는

I'm thirteen years old.

라고 합니다. 즉, be ~ years old의 ~에 나이를 넣어서 말하면 됩니다.

'존은 15살입니다.'는

John is fifteen years old.

라고 합니다. year는 '년'이라는 의미이고 old는 여기에서는 '~살'이라는 의미로
앞에서 old는 '늙은'으로 배웠지만 나이 표현에서는 '나이 먹은, 노인의'라는 의미
는 전혀 없고 단지 '나이가 ~살'을 나타냅니다.

그러나 회화에서는 years old를 생략하고

I'm thirteen.

이라고 합니다.

Point 2

나이 묻고 답하기

'당신은 13살입니까?'는

Are you thirteen years old?

라고 묻고, 대답은

Yes, I am.

No, I'm not.

으로 합니다. '존도 13살입니까?'는

Is John thirteen years old, too?

라고 합니다. 대답은

Yes, he is.
No, he isn't.

라고 하면 됩니다.

'당신은 몇 살입니까?'는 '몇 살'이라는 의미의 how old를 문두에 내어

How old are you?

라고 하면 됩니다. '그는 몇 살입니까?'는

How old is he?

'철수는 몇 살입니까?'는

How old is Chul-soo?

라고 합니다.

How old are you?에 대한 대답은 yes나 no로 하지 않고

I'm thirteen years old.

라고 합니다.

회화에서는 I'm도 생략하고

How old are you?
- Twelve.   12살이에요.
라고 합니다.

Could you tell me your age?	당신의 나이를 알려 주시겠습니까?
What's your age?	나이가 어떻게 되십니까?
May I ask how old he is?	그가 몇 살인지 물어봐도 될까요?

Point 3

키 표현

'내 키는 ~입니다.'는 be ~ tall이라는 문형을 사용합니다.

~의 위치에 170 centimeters(170센티미터), 158 centimeters(158센티미터) 등의 키를 넣으면 됩니다. 그러므로 '내 키는 170센티미터입니다.'는

I'm 170 centimeters tall.

이라고 합니다. '그녀도 170센티미터입니다.'는

She's 170 centimeters tall, too.

라고 합니다. 이 표현은 나이 표현과 형식이 같으며 I'm thirteen years old. 와 비교해 보면 나이를 말할 때는 be ~ years old.이고 키를 말할 때는 be ~ centimeters tall이 되는 것입니다. 여기의 tall은 '키가 큰'이라는 의미는 없고 '키가 ~인'이라는 의미입니다. 이 점에서도 나이 표현의 old가 '늙은'이라는 의미는 없고 '나이가 ~살'이라는 의미로 되는 것과 같습니다.

회화에서는 tall은 생략되어

I'm 165 centimeters.

로 합니다. 또한 centimeters도 오해의 소지가 없으면 생략해도 됩니다.

'당신의 키는 얼마입니까?'는 How tall are you?입니다.

(예) How tall are you, Chul-soo?   키가 얼마예요, 철수?
      - I'm 177.   177이에요.

Point 4

길이 · 높이 · 폭 말하기

'~은 길이·높이·폭이 ~이다'와 그 의문문 '~은 길이·높이·폭이 얼마입니까?'라는 표현을 배워봅시다. 이 표현은 공통되는 하나의 형식이 있습니다. 나이나 키를 묻는 표현도 그 일부이며 독자들이 알고 있는 단어가 아직 한정되어 있기 때문에 어떤

것이든 말할 수 있다고는 말할 수 없지만 단어만 알고 있다면 형식은 같습니다.

'~는 ~가 ~이다'는

> **be** + 수를 나타내는 말 + 형용사

라는 형식입니다. 예를 들면 '이 연필은 길이가 15센티미터다.'는

This pencil is fifteen centimeters long.

이라고 합니다. **long**은 보통은 '길다'라는 형용사이지만 이 경우에는 '길이가 ~인'이라는 의미로 '저 산은 높이가 3000미터이다.'는

That mountain is 3000 meters high.

가 됩니다. **high**는 '높은'이라는 의미의 형용사이지만 이 경우에는 '높이가 ~인'이라는 의미가 됩니다.

'이 강은 폭이 200미터이다.'는

This river is 200 meters wide.

가 됩니다. **river**는 '강', **wide**는 보통은 '폭이 넓은'이라는 의미이지만 여기에서는 '폭이 ~인'이라는 의미입니다.

일반적으로 '~은 얼마나 ~입니까?'는

> **How** + 형용사 + be + 주어

라는 형식으로 합니다.

(예) How old are you?   당신은 몇 살입니까?
   - I'm thirteen years old.   13살입니다.

   How high is that mountain?   저 산은 높이가 얼마입니까?
   - It's 3,000 meters high.   3000미터입니다.

이렇게 보면 이제 이런 종류의 표현은 확실히 알 수 있을 것입니다. 재미있는 것은 이 같은 표현은 old(늙은) - young(젊은), tall(키가 큰) - short(키가 작은), long(긴) - short(짧은) 등 서로 반대인 형용사 중에서 보통 old, tall, long 등 정도가 큰 것을 사용한다는 것입니다. 그러나 I'm ~ years old. 또는 How old are you?의 old는 '늙은'이라는 의미는 없고 '나이가 ~살인'이라는 중립적인 의미가 되는 것입니다. 그러면

How young are you?

는 틀린 것이 아니라 특별한 상황에서는 쓸 수 있습니다. 예를 들면 상대방이 어리다는 것은 알고 있지만 얼마나 어린지 확실히 알 수 없는 경우에 '당신이 어리다는 것은 알고 있지만, 도대체 얼마나 어립니까?'라는 의미의 질문이 되는 것입니다. 그러나 이러한 상황은 드물므로 보통은 사용되지 않습니다. 또한 크기, 길이 등을 알 수 없는 경우에는 How big[large] ~?이나 How long ~?으로 하고 작음 또는 짧음 등은 알고 있지만 그 정도를 모를 경우에만 How small ~? / How short ~?를 씁니다.

또한 자신이 어리다고 해서

I'm thirteen years young.

은 농담인 경우를 제외하고는 사용하지 않습니다.

<table>
<tr><td>Point
5</td><td>형용사를 이용한 비교 표현</td></tr>
</table>

둘을 비교해서 'A는 B보다 ~이다.'는 형용사의 비교급을 사용하며 비교급은 보통 형용사에 [ər]이라는 음을 붙이고 쓸 때에는 -er을 붙여서 만듭니다.

old는 older[ouldər], young은 younger[jʌ́ŋgər], tall은 taller[tɔ́ːlər], short는 shorter [ʃɔ́ːrter]가 비교급입니다. 그런데 beautiful(아름다운)과 같은 긴 형용사는 형용사 앞에 more [mɔ́ːr]를 붙여서 more beautiful이 비교급이 됩니다. -er을 붙이는 비교급은 만들 때에 발음과 철자는 다음의 4가지 점에 주의할 필요가 있습¦ 다.

(1) young[jʌ́ŋ]처럼 [ŋ]로 끝나는 형용사는 -er을 붙이면 [jʌ́ŋgər]와 같이 [g]라는 음이 들어가고, long[lɔːŋ](긴)도 비교급은 longer[lɔːŋər]가 됩니다.

　　　　smaller　　　　　slower　　　　　longer

(2) big과 같이 스펠링이 〈단모음 + 자음글자〉인 형용사는 -er을 붙일 때에 자음글자를 중복시켜서 bigger로 합니다.

　　　　fatter　　　　　thinner　　　　　hotter

(3) pretty(예쁜, 귀여운), busy(바쁜), happy(행복한)와 같이 〈자음글자 + y〉로 끝나는 형용사는 -er을 붙이는 경우 -y를 -i로 바꾸고 -er을 붙입니다.

　　　　heavier　　　　　happier　　　　　prettier

(4) large와 같이 -e로 끝나는 형용사는 larger로 -e를 생략하고 -er을 붙여 비교급을 만듭니다.

　　　　wiser　　　　　nicer cuter

또한 비교표현은 형용사 비교급과 '~보다'라는 than[ðæn]을 써서

You are older than I am. 당신은 나보다 나이가 많다.

와 같이 말합니다. than 뒤는 주어와 be동사가 와도 되고,

You are older than I.

와 같이 be동사를 생략해도 됩니다. 이 표현은 비교의 중심이 되는 말에 강한 강세를 두고 말합니다. 위의 예문에서는 you와 I를 비교하고 있는 것이므로 You, older, I에 강세가 놓입니다. 다른 예를 들어 봅시다.

(예) **Chul-soo is older than Jin-woo (is).**
　　　철수는 진우보다 나이가 많다.

　　　I'm taller than you (are).
　　　나는 당신보다 키가 크다.

위의 예문 중 첫 2개를 반대로 말하면 다음과 같습니다.

Jin-woo is younger than Chul-soo
진우는 철수보다 나이가 적다.

You are shorter than I am.
당신은 나보다 키가 작다.

'~살 나이가 많다[적다].' 또는 '훨씬 크다, 약간 작다'와 같이 비교급에 의미를 더하는 말은 비교급 앞에 옵니다. '약간'은 little, '훨씬'은 much를 사용합니다.

(예) I'm **two years** older than you.
나는 당신보다 2살 많다.

Korea is **much** smaller than the United States.
한국은 미국보다 훨씬 작다.

Your suitcase is **a little** heavier than mine.
당신 가방이 제 것보다 약간 무겁네요.

비교급 앞에는 very 대신 다음과 같은 말로 수식합니다.

· 훨씬 ~하다   - much, still, far, a lot
· 심지어 ~보다도 ~한   - even
· 약간 ~하다   - a bit, a little, slightly

'당신은 나보다 얼마나 나이가 많습니까?'는 의문사를 씁니다. 우선 원문으로 You are two years older than I (am).(당신은 나보다 2살 많다.)라는 평서문을 생각해 봅시다. 이 문장을 보통의문문으로 하면 Are you two years older than I?가 되며 two years를 how many years라는 의문사를 포함하는 말로 바꿉니다. 그런데 이 말은 than I와는 의미상 연결되어 있어서 끊을 수 없으므로 how many years older than I를 전부 문장 첫머리로 냅니다.

그렇게 하면

How many years older than I are you?

당신은 나보다 얼마나 나이가 많습니까?

가 됩니다.

대답은

I'm two years older than you (are).

로 합니다. 따라서

'그는 당신보다 얼마나 키가 큽니까?'는

How many centimeters taller than you is he?

라는 의문문을 쉽게 만들 수 있을 것입니다.

Point 6

의문사를 이용한 비교 표현

둘을 비교해서 'A와 B 중 어느 것이 보다 ~입니까?'라는 의문문은 사람은 who, 사물은 which라는 의문사를 사용해서

> **Who is** + 비교급, **A or B**? / **Which is** + 비교급, **A or B**?

로 합니다.

대답은

> **A is** + 비교급 + **than B**.

입니다.

(예) Who's taller, Betty or I?

베티와 나 중에서 누가 키가 더 크죠?

- Betty is a little taller than you.

베티가 좀 커요.

Point
7

형용사의 최상급

우리말 '~중에서 가장 ~이다'는 형용사의 최상급을 사용하며 형용사의 최상급은 보통 형용사에 [-ist]를 붙이고 표기할 때는 -est를 붙여서 만듭니다. old는 oldest[ouldiest], young은 youngest[jʌ́ŋgist], tall은 tallest[tɔ:list], short는 shortest[ʃɔːrtist]가 최상급입니다. beautiful과 같은 긴 형용사로 more를 붙여서 비교급을 만드는 형용사는 most beautiful과 같이 most를 붙여서 최상급을 만듭니다.

-est를 붙이는 최상급의 발음과 철자에 주의합시다.

⑴ 보통 형용사에 -est를 붙여서 최상급을 만듭니다. young[jʌ́ŋ]과 같이 [ŋ]로 끝나는 형용사는 youngest[jʌ́ŋgist]와 같이 [g]음이 들어갑니다.

  slowest　　　　smallest　　　　longest

⑵ big과 같이 〈단모음 + 자음글자〉로 끝나는 형용사는 -est를 붙일 때에 마지막 자음글자를 중복해서 biggest가 됩니다.

  fattest　　　　thinnest　　　　hottest

⑶ pretty, busy, happy와 같이 〈자음글자 + y〉로 끝나는 형용사는 -est를 붙이는 경우 -y를 -i로 바꾸고 -est를 붙입니다.

  heaviest　　　　happiest　　　　prettiest

⑷ large와 같이 -e로 끝나는 형용사는 largest로 -e를 생략하고 -est를 붙이면 됩니다.

  wisest　　　　nicest　　　　cutest

'당신은 ~ 사람 중에 가장 나이가 많다'의 '가장 ~인'은 형용사 최상급 외에 '~중에서'에 해당하는 of 또는 in을 사용합니다. 최상급에는 반드시 the를 붙여서

You are the oldest of the three.　당신은 세 사람 중에 나이가 가장 많다.

You are the oldest of the three.　당신은 세 사람 중에 나이가 가장 많다.

로 합니다. 위의 예문에서 **the**는 oldest라는 모음으로 시작되는 말 앞에 있으므로 [ði]로 발음합니다. the oldest 다음에 **boy, girl**이라는 명사를 넣지만 최상급 다음의 명사는 흔히 생략됩니다. 그러므로 〈the + 최상급〉은 전후의 관계에 따라 '가장 ~인 사람, 가장 ~인 것'이 됩니다. of 다음에는 **the three**(3사람), **the five**(5사람), **all**(모두)과 같은 확실한 수가 옵니다. 만일 '철수는 우리 반에서 가장 키가 크다.'와 같이 확실한 수가 아니고 **our class**(우리 반), **our school**(우리 학교), **Korea**(한국), **the world**(세계)와 같은 막연한 그룹이나 범위의 '가장 ~'은 of 대신에 **in**을 사용합니다. 따라서 '철수는 우리 반에서 키가 가장 크다.'는 Chul-soo is the tallest boy **in** our school.이라고 합니다.

(예) Tom is the oldest **of** the six.
톰은 6명 중에 나이가 가장 많다.

Sun-hee is the tallest girl **in** our class.
선희는 우리 반에서 키가 가장 크다.

The red tulips are the most beautiful of all.
빨간 튤립은 모든 것 가운데서 가장 예쁘다.

최상급은 그 앞에 **the second**(또는 **the next**), **the third** 등의 말을 붙여서 '2번째로 …, 3번째로'라고 할 수가 있습니다.

(예) I'm the third tallest. 나는 3번째로 키가 크다.

the fourth, the fifth …로 계속 말할 수 있지만 실제로 그렇게까지 말하는 경우는 드뭅니다. 또한 전후관계로 '~중에서'를 확실히 알 수 있는 경우에는 **of ~**, **in ~**을 생략할 수도 있습니다.

'누가 나이가 제일 많습니까?'는 **who**라는 의문사를 사용해서

Who is the oldest of the three?

라고 합니다. 의문사가 주어이므로 어순은 평서문과 같습니다. 대답은

Tomis (the oldest of the three.)

가 됩니다. ( ) 속은 보통 생략되며 간단히 Tom.이라고 대답하기도 합니다.

사물에 관해 '어느 것이 가장 ~입니까?'는 which를 사용합니다.

(예)   Which tulips are the most beautiful of all?
       어느 튤립이 가장 예쁩니까?

       - The red ones are the most beautiful of all.
       빨간 것입니다.

비교급·최상급에 대해 old, tall, big과 같은 형용사 원래 형태를 원급이라 하며 원급·비교급·최상급의 형용사의 변화를 **형용사의 비교변화**라고 합니다.

원급	비교급	최상급
old	older	oldest
young	younger	youngest
tall	taller	tallest
short	shorter	shortest
big	bigger	biggest
small	smaller	smallest
beautiful	more beautiful	most beautiful

Point
8

원급 표현

'A와 B는 같다'라는 말은 앞으로 배우게 될 것이지만 Part 9 - Unit 4에

Betty and you are about the same height.
베티와 당신의 키는 비슷하다.

가 나왔습니다. 이 말은 좀 더 폭넓게 이용할 수 있습니다. height는 high(높은)

라는 형용사의 명사형으로 height는 키의 크기에 사용하며 나이에는 age, 크기에는 size를 씁니다. about은 '대략, 약'이라는 의미이며 same은 '같은'이라는 형용사로 정관사 the를 붙여서 사용합니다.

(예) You and I are the same age.

당신과 나는 나이가 같다.

Your radio and mine are about the same size.

당신 라디오와 내 것은 크기가 비슷하다.

Point 9

You are older than I (am).의 의미

I'm thirteen years old.의 old는 '나이가 ~살인'이라는 의미이지 '늙은'이라는 의미가 아니라는 것을 설명했습니다. 이것은 You are older than I. 또는 You are oldest of the three.에서도 같습니다.

You are old.

는 '당신은 나이가 들었습니다, 당신은 노인입니다.'라는 의미이지만,

You are older than I.

라고 비교급으로 하면 '당신은 나보다 나이가 많다'라는 것으로 '당신은 나보다 늙었다'라는 의미는 없습니다.

Tom is the oldest of the three.

도 '톰이 셋 중에서 가장 늙었다'라는 의미는 없습니다. 이 점을 오해하지 않도록 주의합시다.

Part 09 Exercise

1 다음을 읽고 의미를 말해 봅시다.

① Tom is thirteen years old.

② How old are you?　- I'm eleven.

③ How old is your father?　- He's forty-one.

④ Mary is three years younger than her big sister.

⑤ I'm four centimeters taller than you.

⑥ My big sister and I are about the same height.

⑦ Korea is much smaller than Canada.

2 지시에 따라 다음의 문장이 대답이 되도록 의문문을 만들어 봅시다.

① I'm fourteen.　(How를 사용해서)

② I'm 162 centimeters tall.　(How를 사용해서)

③ Yes, you are. You are taller than I.　(보통의문형으로)

④ Sun-hee is younger than Mi-ra.　(Who를 사용해서)

⑤ Korea is smaller than the United States.　(Which를 사용해서)

⑥ The red tulips are the most beautiful of all.　(Which를 사용해서)

⑦ I'm two years younger than you.　(How를 사용해서)

⑧ Dong-soo is the tallest boy in our class.　(Who를 사용해서)

3 다음의 (　) 속에 있는 형용사를 적당한 형태로 바꾸어서 문장을 완성하세요.

① The United States is much (big) than Britain.

② I'm two years (young) than you.

③ She's two centimeters (short) than I.

④ Which picture is the (beautiful) of all?

⑤ This doll is (pretty) than that one.

형용사
비교표현_2

Unit 01 > You are as tall as Mike.

 STEP 1 > 녹음을 듣고 소리내어 읽어보세요.

A **Who's taller, you or Mike?**

B **I don't know. How tall is he?**

A **165 centimeters.**

B **I'm 165 centimeters, too.**

A **Then you are as tall as Mike.**

B **Yes. He and I are the same height.**

✔ **STEP 2** > 이것만은 꼭 알아두세요.

Who's taller, you or Mike?

▶ 선택의문문으로 둘 중에 누가 키가 큰 지를 묻고 있습니다. you에서 올리고 Mike에서 내려서 말합니다.

Then you are as tall as Mike.

▶ 이것은 A is as ~ as B.의 패턴으로 'A는 B만큼 ~이다'의 뜻입니다. 즉, 둘(사람·사물)을 비교해서 정도가 같다는 것을 나타냅니다.

(예)   Tom is **as old as** Bill.

톰은 빌만큼 나이가 들었다.

The red tulips are **as beautiful as** the yellow ones.

빨간 튤립은 노란 튤립만큼 예쁘다.

넌 마이크와 키가 같구나.

A 너와 마이크 중에 누가 키가 크니?

B 모르겠는데. 마이크는 키가 얼마지?

A 165센티미터야.

B 나도 165센티미터야.

A 그럼 넌 마이크와 키가 같구나.

B 맞아. 그와 나는 키가 같아.

● **New Words**

as ~ as [æz ~ æz]
~만큼, ~정도

Yes.

▶ 이 yes는 상대방이 말한 것에 대해 '그래, 맞아'라고 맞장구 치는 것입니다.

He and I are the same height.

▶ He is as tall as I.와 같은 내용입니다.

 STEP 3 연습하기

주어진 조건에 맞게 〈문형연습〉을 해봅시다.

I'm as tall as Mike.

1. Are you?
2. Yes
3. Are you taller?
4. No
5. the same height?
6. Yes … as tall as

Unit 02 > He's not as old as Mr. Brown.

 STEP 1 > 녹음을 듣고 소리내어 읽어보세요.

A **How old is Mr. Brown?**

B **He's thirty-five.**

A **Is Mr. Smith about the same age?**

B **No. He's not as old as Mr. Brown.**

 He's only thirty.

A **Oh, he's still young, then.**

 STEP 2 > 이것만은 꼭 알아두세요.

Is Mr. Smith about the same age?

▶ the same age(같은 나이)란 Mr. Brown과 같은 나이라는 것을 나타냅니다.

He's not as old as Mr. Brown.

▶ A is not as ~ as B.는 'A는 B만큼 ~않다' 뜻으로 이 문장은 비교급을 사용해서 내용적으로 같은 문장을 만들 수 있습니다.

 He's not as old as Mr. Brown. = He's younger than Mr. Brown.

▶ not as ~ as 대신에 not so ~ as를 사용할 수도 있습니다.

He	is		as old as	Mr. Brown	.
He	is	not	as old as	Mr. Brown	.

그는 브라운 씨만큼 나이가 들지 않았습니다.

A 브라운 씨는 몇 살이죠?

B 35살이에요.

A 스미스 씨도 같은 나이예요?

B 아뇨. 그는 브라운 씨만큼 나이가 들지 않았습니다.

그는 30살이에요.

A 아, 그럼 그는 아직 젊군요.

● **New Words**

Brown [braun] 브라운 〈성〉

age [eidʒ] 나이

He's only thirty.

▶ '그는 단지 30살이다.'는 '그는 아직 30살의 젊은이다.'라는 의미가 포함되어 있습니다.

STEP 3 연습하기

보기와 같이 바꾸어 봅시다.

──── | 보기 | ────

Mr. Smith is as old as Mr. Brown.
a. (not)　　　Mr. Smith is not as old as Mr. Brown.
b. (younger)　Mr. Smith is younger than Mr. Brown.

1. Tom is as tall as Alice.　　　　a. not　　b. shorter
2. My dog is as big as yours.　　　a. not　　b. smaller
3. My pencil is as long as yours.　a. not　　b. shorter

221

Unit 03 This one is better than the other two.

 STEP 1 녹음을 듣고 소리내어 읽어보세요.

A **Miss Green, here are three different plans for our class party. Which is best one?**

B **Let me see. This is a good plan, Mike.**

A **That's Emily's. Here's mine.**

B **Hmm. Yours is better than Emily's.**

A **This is George's.**

B **This one is better than the other two.**
Yes, George's plan is the best of the three.

 STEP 2 이것만은 꼭 알아두세요.

Miss Green, here are three different plans for our class party.

▶ Here are ~.는 '여기에 ~들이 있다'. ~의 위치에 복수명사가 옵니다. 다른 사람에게 물건을 내밀거나 보여주거나 할 때 흔히 씁니다. (cf. Here's ~.)

Which is the best one?

▶ best는 good의 최상급으로 다른 형용사와는 달리 비교변화가 불규칙합니다.

Here's mine.

▶ Here's ~.는 '여기에 ~가 있다.'로 ~의 위치에 단수명사가 옵니다.

▶ mine = my plan

Yours is better than Emily's.

이것이 나머지 둘보다 더 좋네요.

A 그린 선생님, 우리 반 파티를 위한 세 가지 계획입니다. 어느 것이 가장 좋은가요?

B 어디 보자. 이것은 좋은 계획이네요, 마이크.

A 그것은 에밀리 것이에요. 이것이 제 계획입니다.

B 음. 당신의 것이 에밀리 것보다 좋군요.

A 이것은 조지의 계획입니다.

B 이것이 나머지 둘보다 더 좋네요.

그래요, 조지의 계획이 셋 중에 가장 좋아요.

● **New Words**

here are ~ 여기에 ~가 있다
different [dífərənt] 다른, 상이한
plan [plæn] 계획, 안
best [best] 가장 좋은
⟨good의 최상급⟩
Here's ~ 여기에 ~가 있다
⟨Here is의 단축형⟩
hmm [hm] 음
better [bétər] ~보다 좋은
⟨good의 비교급⟩

▶ better는 good의 비교급입니다.

원급	비교급	최상급
good	better	best

Yes, George's plan is the best of the three.

▶ the best of the three는 '셋 중에서 가장 좋은'의 뜻입니다.

🔊 **STEP 3** 연습하기

주어진 조건에 맞게 ⟨문형연습⟩을 해봅시다.

George's plan is good.

1. Is George's plan?
2. Yes
3. better than yours?
4. Yes
5. the best of the three?
6. Yes

Unit 04 > That's my worst subject.

 STEP 1 > 녹음을 듣고 소리내어 읽어보세요.

A **Are you good at English?**

B **Well, I study it very hard. But I always get a B.**

A **How about Korean?**

B **I'm worse at it than at English.**

A **How about math?**

B **That's my worst subject.**

✓ **STEP 2** > 이것만은 꼭 알아두세요.

Are you good at English?

▶ be good at ~은 '~에 능숙하다, 잘하다'의 뜻입니다.

But I always get a B.

▶ always는 일반동사 앞이나 be동사나 조동사 뒤에 위치합니다.

▶ 성적 평가는 미국에서는 좋은 순서로 A, B, C, D를 붙입니다.

I'm worse at it than at English.

▶ worse는 bad의 비교급으로 비교변화가 불규칙합니다.

▶ be bad at ~은 be good at ~의 반대로 '~에 서툴다'의 뜻으로 여기에서는 비교급을 사용했습니다.

▶ than at English는 than (I am bad) at English의 (　　) 속이 생략됐습니다.

그게 성적이 가장 나쁜 과목입니다.

A 당신은 영어를 잘하나요?

B 글쎄요, 열심히 공부는 하는데. 항상 B만 받아요.

A 국어는 어때요?

B 국어는 영어보다 더 나빠요.

A 수학은 어때요?

B 그게 성적이 가장 나쁜 과목입니다.

● **New Words**

get [get] 취하다, 받다, 얻다

worse [wəːrs] ~보다 나쁜
〈bad의 비교급〉

worst [wəːrst] 가장 나쁜
〈bad의 최상급〉

That's my worst subject.

▶ worst는 bad의 최상급입니다.

원급	비교급	최상급
bad	worse	worst

▶ my, your 등이 붙을 때에는 최상급에 the를 붙이지 않습니다.

 STEP 3 연습하기

주어진 조건에 맞게 〈문형연습〉을 해봅시다.

I'm worse at Korean than at English.

1. Are you?   3. better?

2. Yes   4. No … worse

I like ~ best. [~을(를) 가장 좋아해.]

Unit 05 ▶ I like history best.

 STEP 1 녹음을 듣고 소리내어 읽어보세요.

A **What subjects do you like?**

B **I like math and science.**

A **Which do you like better, math or science?**

B **I like math better.**

Which subject do you like best?

A **I like history best.**

✓ **STEP 2** 이것만은 꼭 알아두세요.

Which do you like better, math or science?

▶ Which do you like better, A or B?는 선택의문문으로 'A와 B 중에서 어느 것을 좋아합니까?'라는 뜻입니다.

▶ 억양에 주의해서 math에서 올리고 science에서 내립니다.

I like math better.

▶ I like math better (than science).의 ( ) 속의 부분이 생략되었습니다.

Which subject do you like best

▶ Which … do you like best?는 '어느 ~를 가장 좋아합니까?'의 뜻입니다.

▶ best에는 the를 붙이지 않는 것이 보통입니다.

I like history best.

226

나는 역사를 가장 좋아해요.

A 어느 과목을 좋아하나요?

B 수학과 과학을 좋아해요.

A 수학과 과학 중에 어느 과목을 좋아하죠?

B 수학을 더 좋아해요.

   당신은 어느 과목을 가장 좋아하나요?

A 나는 역사를 가장 좋아해요.

● New Words

history [hístəri] 역사

▶ I like … best.는 '나는 ~를 가장 좋아한다'라는 뜻의 패턴입니다.

▶ I like history best (of all my subjects.)의 (   ) 속의 부분이 생략된 것으로 Which … do you like best?의 대답은 of 이하를 생략하는 것이 보통입니다.

▶ '나는 ~중에서 ~를 가장 좋아한다'는 I like ~best of all the ….라고 합니다.

STEP 3 연습하기

주어진 조건에 맞게 〈문형연습〉을 해봅시다.

I like history.

1. Do you?

2. Yes

3. better than English?

4. Yes

5. best of all your subjects?

6. Yes

Unit 06 ▶ She speaks English best.

 STEP 1 녹음을 듣고 소리내어 읽어보세요.

A **You speak English very well.**

B **Thank you. But Sun-hee speaks it better than I do.**

A **Really? Is she your classmate?**

B **Yes. She speaks English best.**

She is the best speaker of English in my class.

 STEP 2 이것만은 꼭 알아두세요.

Thank you.

▶ '~를 잘하는 구나'의 칭찬에 우리는 '천만에요, 별것 아니예요'라고 대답하는 경우가 많아서 곧
바로 Oh, no. 등으로 말해 버리는 경우가 있는데 영어에서는 반드시 Thank you.라고 대답합
니다.

But Sun-hee speaks it better than I do.

▶ better than I do는 better than I speak it의 speak it을 do로 한 것입니다.

▶ better는 well의 비교급으로 '더 잘한다, 보다 능숙하다'의 뜻입니다.

▶ better than I do에서는 I를 do보다 강하게 말합니다.

She speaks English best.

▶ '그녀가 영어를 가장 잘한다.'라는 뜻으로 여기서의 best는 well의 최상급으로 '가장 잘'이라는
의미입니다.

그녀가 영어를 가장 잘합니다.

A   당신은 영어를 아주 잘하는 군요.

B   고마워요. 그런데 선희가 저보다 더 잘해요.

A   그래요? 그녀는 당신과 같은 반인가요?

B   네. 그녀가 영어를 가장 잘합니다.

우리 반에서 선희가 영어를 가장 잘해요.

● New Words

speaker [spíːkər] 말하는 사람

She is the best speaker of English in my class.

▶ 앞의 She speaks English best.와 같지만 '~중에서 가장~이다.'와 같이 '~중에서'를 말할 때에는 이렇게 합니다.

▶ best는 good의 최상급입니다.

🔊 **STEP 3**   연습하기

주어진 조건에 맞게 〈문형연습〉을 해봅시다.

Sun-hee speaks English very well.

1.   Does Sun-hee?
2.   Yes
3.   better than you do?
4.   Yes
5.   Who ... best?
6.   Sun-hee

<table>
Point 1
</table>

Point 1

'A는 B 만큼 ~이다.'

비교는 'A는 B 보다 ~이다' 또는 '가장 ~이다'만 있는 게 아니고 'A는 B만큼 ~이다'
도 정도가 같음을 나타내는 비교 표현입니다. 앞 Part에서 You and I are about
the same height.라는 표현을 배웠습니다. 이 표현도 자주 사용하는 것으로 여
러 가지로 응용할 수 있지만 이 Part에서는 as ~ as를 이용해서 A is as ~ as B.로
~위치에 형용사의 원급(old, tall)을 넣는 표현을 공부했습니다.

(예) You are as tall as Mike.

　　　당신은 마이크만큼 키가 크다.

　　　Tom is as old as John.

　　　톰은 존만큼 나이가 들었다.

　　　The red tulips are as beautiful as the yellow ones.

　　　빨간 튤립은 노란 튤립만큼 예쁘다.

이 표현이 A and B are the same ~보다 폭넓게 사용됩니다. A and B are the
same ~은 나이·키·크기 등 수치로 나타낼 수 있는 것을 비교하는 경우에만 쓰이
지만, as ~ as는 형용사를 사용해서 어떤 것이든 정도가 같다는 것을 나타낼 수가
있는 것입니다. 또한 as ~ as에 사용하는 형용사도 다른 비교와 마찬가지로 old는
'나이가 ~인', tall은 '키가 ~인'이라는 중립적인 의미를 나타냅니다. 따라서 Tom is
as old as John.은 둘 다 키가 크다는 것이 아니고 단지 키가 같다는 것을 나타내
고 있는 것입니다.

의문문은 주어와 be동사를 바꾸어서

Are you as tall as Mike?

로 하면 됩니다. 대답은

Yes, I am.
No, I'm not.

으로 합니다.

'누가 마이크와 키가 같습니까?'는

Who is as tall as Mike?

라고 하며 대답은 yes, no를 붙이지 않고

I am (as tall as Mike).

로 합니다. (   ) 속은 생략하는 것이 보통이며 '누가'라고 묻고 있기 때문에 대답에는 I에 강세가 있습니다.

Point 2

'A는 B 만큼 ~않다'

as ~ as를 부정해서 A is not as ~ as B로 하면 'A는 B만큼 ~않다'가 됩니다. ~위치에서는 형용사의 원급을 넣습니다.

(예) Mr. Smith is not as old as Mr. Brown.
스미스 씨는 브라운 씨만큼 나이가 들지 않았다.

I'm not as tall as you.
나는 당신만큼 키가 크지 않다.

The white tulips are not as beautiful as the red ones.
하얀 튤립은 빨간 튤립만큼 예쁘지 않다.

not as ~ as의 첫 as를 so로 해서,

Mr. Smith is not so old as Mr. Brown.

이라고 not so ~ as를 사용해도 의미는 같지만 not as ~ as가 회화에서는 일반적입니다.

이 비교표현은 다른 표현으로 바꿀 수가 있습니다. 위의 처음 두 문장을 다른 표현으로 바꾸면

(예) Mr. Smith is younger than Mr. Brown.

스미스 씨는 브라운 씨보다 나이가 어리다.

I'm shorter than you.

나는 당신보다 키가 작다.

로 됩니다. 그러나 같은 의미는 아니고 뉘앙스가 달라집니다. A is not as old as B.는 'A는 B 만큼 ~않다'라는 소극적인 느낌이 있지만 A is younger than B.는 'A 는 B 보다 나이가 적다'라는 확실한 말이 됩니다. 말이라는 것은 이와 같이 내용은 바뀌지 않더라고 표현이 바뀌면 의미가 다소 달라질 수 있습니다. 그러면 좀 더 예를 들어볼까요?

(예) Korea is not as big as the United States.

　= Korea is smaller than the United States.

한국은 미국 만큼 크지 않다[미국보다 작다].

Point 3　불규칙 비교변화

지금까지 배운 형용사의 비교변화는 old, older, oldest와 같이 원급에 -er, -est 를 붙여서 비교급·최상급을 만드는 것과 beautiful, more beautiful, most beautiful과 같이 more, most를 붙여서 비교급·최상급을 만드는 것으로 모두 규칙적이었습니다. 그런데 good(좋은)과 bad(나쁜), little(작은) 는 비교변화가 불규칙합니다.

원급	비교급	최상급
good	better [betər]	best [best]
bad	worse [wəːrs]	worst [wəːrst]
many	more [mɔːr]	most [moust]
far	farther [fáːrðər]	farthest [fáːrðist]
little	less [les]	least [liːst]

원급·비교급·최상급이 다른 형태이므로 그대로 외워야 합니다.

㈜ Your plan is better than Emily's.

당신 계획은 에밀리 것보다 좋다.

This one is better than the other two.

이것은 다른 두 개보다 좋다.

This is the best of the three.

이것은 셋 중에서 가장 좋다.

I'm worse at Korean than at English.

나는 영어보다 국어가 성적이 나쁘다.

Math is my worst subject.

수학은 성적이 가장 나쁜 과목이다.

위의 예문 중에서 두 번째와 세 번째 문장은 내용적으로는 같습니다. 두 번째 문장은 '다른 두 개보다 좋다'라고 하고 있고 그것은 세 번째 문장의 '셋 가운데 가장 좋다'라는 것과 같습니다. 이와 같이 비교급 문장과 최상급 문장의 변환이 가능한 경우가 있습니다.

또한 마지막 문장은 최상급인데 the가 붙어 있지 않은 것은 your, my 등 소유격이 붙어있기 때문입니다.

'~가 ~보다 좋다 / ~가 가장 좋다'

'~가 ~보다 좋다'는 like ~ better than ~, '~가 가장 좋다'는 like ~ best를 사용합니다.

㈜ I like math better than science.

나는 과학보다 수학을 좋아한다.

I like history best of all my subjects.

나는 모든 과목 중에서 역사를 가장 좋아한다.

'당신은 A와 B 중 어느 것을 더 좋아합니까?'는 which라는 의문사를 사용해서 Which do you like better, math or science?(당신은 수학과 과학 중에 어느 것을 더 좋아합니까?)와 같이 Which do you like better, A or B?를 사용합니다.

이것은 앞에서 배운 Who is (비교급), or B? 또는 Which is (비교급), A or B?와 같아서 인토네이션도 같습니다. 즉, Which do you like better에서 일단 내렸다가 A에서 올리고 or B에서 내려서 말하며 표기할 경우에는 which do you like better 다음에 콤마를 찍습니다.

대답은 yes, no를 붙이지 않고

I like math better (than science).
수학을 더 좋아합니다.

라고 합니다.

'당신은 어느 과목을 가장 좋아합니까?'는 **which**를 사용해서

Which subject do you like best (of all your subjects)?

라고 하며 대답은

I like history best (of all my subjects).
역사를 가장 좋아합니다.

라고 합니다. (   ) 부분은 알 수 있는 경우에는 생략하는 것이 보통입니다.

Point 4

well의 비교급과 최상급

'능숙히, 잘'이라는 의미의 well은 비교급은 better(더 능숙히), 최상급은 best (가장 능숙히)입니다. 이것은 good의 비교급·최상급과 같습니다. 즉, good과 well은 비교급·최상급이 better, best입니다.

원급	비교급	최상급
good / well	better	best

사실 well은 형용사가 아니라 부사입니다. 형용사뿐만 아니라 부사에도 비교변화가 있습니다. 상세한 것은 다음 Part에서 설명하겠습니다.

'당신은 영어를 매우 잘한다.'는

You speak English very well.이고

'당신은 나보다 영어를 매우 잘하는군요.'는

You speak English better than I do.로 better를 씁니다.

문장 끝의 **do**는 생략할 수 있지만 보통 붙입니다. **You**와 I가 비교의 중심이므로 강하게 말합니다.

'당신은 영어를 가장 잘하는군요.'는

You speak English best.라고 합니다.

이 경우 주의할 것이 두 가지 있습니다. 하나는 최상급에서도 부사인 경우에는 정관사 **the**를 붙이지 않아도 됩니다. **the best**라고 해도 관계없지만 붙이지 않는 것이 보통으로 다른 하나는 '~중에서'의 **of the three** 또는 **in my class**는 보통 붙이지 않습니다.

You speak English best of the three.가 틀리다고는 할 수 없지만 영어로서는 다소 어색한 표현이 됩니다. 이런 내용을 말하고 싶은 경우에는 형용사 **best**를 사용해서

You are the **best** speaker of English in my class.
당신은 우리 반에서 영어를 가장 잘한다.

가 됩니다.

235

Part 10 Exercise

1 다음의 영문을 읽고 의미를 말해 봅시다.

① You are as tall as John.

② Jane and I are the same age.

③ The United States is not as big as Canada.

④ This dictionary is better than that one.

⑤ Your plan is the best of the five.

⑥ What is your worst subject?

⑦ Which do you like better, apple or pear? - I like apple better.

⑧ You play the violin better than Sun-hee does.

2 다음의 영어를 다른 표현으로 바꾸어 말해 봅시다.

① John is not as old as Bill.

② My radio is not as small as yours.

③ Our school is not as new as yours.

④ I'm shorter than you.

⑤ The white dog is younger than the black one.

3 다음 영문을 읽고 질문에 영어로 대답해 봅시다.

| 보기 |

Tom is fifteen years old. Bob is not as old as Tom.

Ted is two years older than Tom.

① Who's the oldest?

② Is Tom as old as Ted?

③ Is Bob younger than Tom?

236

부사
비교표현

Unit 01

John can skate fastest.

 STEP 1 녹음을 듣고 소리내어 읽어보세요.

A **Are you a good skater?**

B **I don't know. But I can skate pretty fast.**

A **Can you?**

B **Yes. But Bill can skate much faster than I can.**

A **But John can skate fastest.**

✓ **STEP 2** 이것만은 꼭 알아두세요.

Are you a good skater?

▶ '스케이트를 잘 탑니까?'의 뜻으로 be a good ··· -er로 '···를 잘하다'를 나타냅니다.

(예) He is a good baseball player. 그는 야구를 잘한다.

I don't know.

▶ 정말로 모르는 것이 아니라 상대방의 질문에 정확히 대답할 수 없어서 이렇게 말한 것입니다. 긍정도 부정도 하고 싶지 않을 경우의 대답으로 I don't know.를 흔히 씁니다.

But Bill can skate much faster than I can.

▶ faster는 fast(빠르게)의 비교급으로 형용사뿐만 아니라 부사도 비교변화를 합니다. 문장 끝의 can은 생략해도 관계없습니다.

▶ much가 비교급 faster를 수식합니다.

존이 가장 빨리 스케이트를 탑니다.

A 당신은 스케이트를 잘 타나요?

B 모르겠어요. 그러나 상당히 빨리 달릴 수 있어요.

A 그래요?

B 네. 하지만 빌이 나보다 더 빨리 타요.

A 그러나 존이 가장 빨리 스케이트를 탑니다.

New Words

skater [skéitər]
스케이트를 타는 사람

fast [fæst] 빠르게

faster [fǽstər] 보다 빠르게
〈fast의 비교급〉

fastest [fǽstist] 가장 빠르게
〈fast의 최상급〉

But John can skate fastest.

▶ fastest는 fast의 최상급입니다. 조동사 can 다음에는 동사원형 skate을 씁니다.

원급	비교급	최상급
fast	faster	fastest

▶ 일반적으로 부사의 최상급에는 정관사 the를 붙이지 않아도 됩니다.

 STEP 3 연습하기

주어진 조건에 맞게 〈문형연습〉을 해봅시다.

Bill can skate very fast.

1. Can Bill?
2. Yes
3. much faster than you can?

4. Yes
5. Who … fastest?
6. John

Unit 02 ▷ I get up earliest on sundays.

 STEP 1 녹음을 듣고 소리내어 읽어보세요.

A **What time do you get up, Chan-ho?**

B **I get up at six o'clock every weekday.**

A **Do you get up earlier on Saturdays?**

B **Yes, I do. But I get up earliest on Sundays.**

A **Then you are a very early riser.**

✔ **STEP 2** 이것만은 꼭 알아두세요.

Do you get up earlier on Saturdays?

▶ earlier는 early의 비교급입니다. 〈자음글자 + y〉로 끝나는 말의 비교급은 y를 i로 바꾸고 -er 을 붙입니다.

▶ 이 문장은 뒤에 than on weekdays가 생략되어 있습니다.

▶ early는 '시간이 이른', fast는 '속도가 빠른'의 뜻을 나타냅니다.

But I get up earliest on Sundays.

▶ earliest는 early의 최상급으로 y를 i로 바꾸고 -est를 붙입니다.

▶ '나는 한 주일 중 일요일에 가장 일찍 일어난다.'

▶ earliest는 부사의 최상급이므로 정관사 the를 붙이지 않아도 됩니다.

▶ Sunday는 고유명사이므로 항상 대문자로 쓰고 그 앞에 전치사 'on'이 온다는 것을 항상 기억 합시다.

나는 일요일에 가장 일찍 일어납니다.

A 몇 시에 일어나죠, 찬호?

B 주중에는 항상 6시에 일어나요.

A 토요일에는 더 일찍 일어나나요?

B 그래요. 그런데 일요일에 가장 일찍 일어납니다.

A 그러면 아주 일찍 일어나는군요.

New Words

every [évri] 모든

weekday [wíːkdèi] 주중
*토요일 · 일요일을 제외한 날

early [ɔ́ːrli]
시간이 이르게, 시간이 이른

earlier [ɔ́ːrliər] 보다 일찍
〈early의 비교급〉

earliest [ɔ́ːrliest] 가장 일찍 〈early
의 최상급〉

early riser [ɔ́ːrli ráizər]
일찍 일어나는 사람

Then you are a very early riser.

▶ You are an early riser.는 You rise early.와 같습니다.

    cf.   You're a good golfer. = You play golf well.

          He's a fast runner. = He runs fast.

          She's a good speaker of English. = She speaks English well.

 STEP 3 연습하기

주어진 조건에 맞게 〈문형연습〉을 해봅시다.

I get up early every weekday.

1. Do you?

2. Yes

3. earlier on Saturdays?

4. Yes

5. When … earliest?

6. on Sundays

Unit 03 You have to study math hardest.

 STEP 1 녹음을 듣고 소리내어 읽어보세요.

A Do you study hard, Bill?

B Well, I don't think so, Miss Green.

A Your grades are not very good.
   You have to study harder.

B Yes, Miss Green.

A You have to study math hardest. O.K.?

B O.K, Miss Green.

 STEP 2 이것만은 꼭 알아두세요.

Well, I don't think so, Miss Green.

▶ so는 I study hard.를 말합니다. 이 문장을 그대로 번역하면 '나는 그렇게 하고 있다고 생각 하지 않아요.'가 되는데 영어에서는 이와 같이 문장의 앞부분을 부정해서 말합니다. 우리말은 '그렇지 않다고 생각합니다.'입니다.

▶ 영어에서는 선생님을 Miss Green과 같이 이름으로 부르는 것이 일반적입니다.

Your grades are not very good.

▶ not very good은 '그다지 좋지 않다'지만 실제로는 '나쁘다'는 것을 의미합니다.

You have to study harder.

▶ study와 hard이 순서에 유의하며, hard study가 아닙니다.

▶ harder는 hard의 비교급으로 '지금보다 더 열심히'라는 뜻입니다.

수학을 가장 열심히 공부해야 해요.

A 열심히 공부하고 있나요, 빌?

B 저, 그렇지 않은데요, 그린 선생님.

A 네 성적은 그다지 좋지 않아요.

　더 열심히 공부해야 해요.

B 예, 선생님.

A 수학을 가장 열심히 공부해야 해요. 알겠죠?

B 알겠습니다. 그린 선생님.

You have to study math hardest.

▶ 조동사 have to 다음에는 동사원형인 study가 옵니다.

▶ hardest는 hard의 최상급입니다. 여기에서는 '모든 학과 중에서 가장'이라는 뜻입니다.

 STEP 3 연습하기

주어진 조건에 맞게 〈문형연습〉을 해봅시다.

You have to study harder.

1. Do I?
2. Yes
3. math hardest?
4. Yes
5. What … hardest?
6. math

Unit 04 ▶ Martha sings most beautifully.

 STEP 1 녹음을 듣고 소리내어 읽어보세요.

A **Who's singing?**

B **Mary is.**

A **She's singing beautifully.**

B **Yes, but Lucy sings more beautifully than she does.**

A **Really? Martha is a good singer, too.**

B **Yes, she is. Of the three, Martha sings most beautifully.**

 STEP 2 이것만은 꼭 알아두세요.

Yes, but Lucy sings more beautifully than she does.

▶ beautifully와 같은 긴 부사(2음절 이상의 부사로 특히 형용사에 -ly를 붙여서 만드는 부사 전체)는 more를 붙여서 비교급을 만듭니다. 최상급을 만들 때는 most를 붙입니다.

▶ yes는 상대방이 말한 것에 맞장구를 치는 것입니다.

Of the three, Martha sings most beautifully.

▶ of the three는 '세 사람 중에서는'라는 뜻입니다.

▶ beautifully와 같은 2음절 이상의 긴 부사, 특히 -ly로 끝나는 것은 모두 most를 붙여서 최상급을 만듭니다.

원급	비교급	최상급
beautifully	**more** beautifully	**most** beautifully

마사가 가장 아름답게 노래합니다.

A 누가 노래를 부르고 있죠?

B 메리예요.

A 노래를 아름답게 부르는군요.

B 네, 그런데 루시가 그녀보다 노래를 더 잘 불러요.

A 그래요? 마사도 노래를 잘하죠.

B 맞아요. 셋 중에서 마사가 가장 아름답게 노래해요.

New Words

- **beautifully** [bjúːtəfəli] 아름답게, 능숙하게
- **Lucy** [lúːsi] 루시 〈여자 이름〉
- **more** [mɔːr] 절 이상의 부사에 붙여 비교급을 만드는 말
- **Martha** [máːrθə] 마사 〈여자 이름〉
- **most** [moust] 2음절 이상의 부사에 붙여 최상급을 만드는 말

STEP 3 연습하기

주어진 조건에 맞게 〈문형연습〉을 해봅시다.

Lucy sings more beautifully than Mary does.

1. Does Lucy?
2. Yes
3. Does Lucy … most beautifully?
4. No
5. Who … most beautifully?
6. Martha.

Unit 05 He can run as fast as Tom.

 STEP 1 녹음을 듣고 소리내어 읽어보세요.

A **Who's the fastest runner in your class?**

B **I'm not sure. Maybe Tom.**

A **Can he run really fast?**

B **Yes. He runs very fast.**

A **How about John?**

B **Oh. He's another fast runner.**
  He can run as fast as Tom.

 STEP 2 이것만은 꼭 알아두세요.

Maybe Tom.

▶ 뒤에 (is the fastest runner in our class)가 생략되었습니다.

How about John?

▶ How about ~?은 '~은 어떻습니까?'의 뜻입니다.

He's another fast runner.

▶ 이 문장은 He's fast runner, too.나 He runs fast, too.와 내용이 같습니다.

▶ 이와 같은 의미로 사용되는 another의 용법을 알아둡시다.

(예) Bill is a good golfer. Mike is **another** good golfer.

빌은 훌륭한 골퍼다. 마이크도 훌륭한 골퍼다.

246

그는 톰만큼 빨리 달릴 수 있습니다.

A 너희 반에서 누가 가장 빨리 달리니?

B 잘 모르겠어. 아마 톰인가.

A 그는 정말 빨리 달리니?

B 네. 아주 빨리 달려.

A 존은 어때?

B 아. 존도 빨리 달려.

　　그는 톰만큼 빨리 달릴 수 있어.

● **New Words**

runner [rʌ́nər] 달리는 사람, 주자

maybe [méibi] 아마

another [ənʌ́ðər] 또 다른 하나의

run [rʌ́n] 달리다

He can run as fast as Tom.

▶ 조동사 can 다음에는 동사원형 run이 온다는 것에 유의합시다.

▶ as … as 사이에 부사를 넣어 A does it as … as B로 하면 'A는 B만큼 ~한다'가 됩니다.

 STEP 3　연습하기

주어진 조건에 맞게 〈문형연습〉을 해봅시다.

John can run as fast as Tom.

1. Can John?
2. Yes
3. Can you?

4. No
5. Who?
6. John

Point 1

부사의 비교변화

부사란 동사·형용사 등을 수식하는 말입니다. 형용사뿐만 아니라 부사에도 비교변화가 있습니다. 이것은 이미 앞 Part의 후반에서 이미 접해본 적이 있습니다. She speaks English **better** than I do.(그녀는 나보다 영어를 더 잘한다.)의 better는 good의 비교급이 아니라 부사 well(능숙히)의 비교급입니다.

부사의 비교변화는 형용사의 경우와 같으며 fast, hard 등 비교급은 -er, 최상급은 -est를 붙여 [-ər], [-ist]로 발음합니다.

예를 들면 fast ([속도가] 빠르게)는

원급	비교급	최상급
fast	faster [fǽstər]	fastest [fǽstist]

로 변하지만, 대부분의 부사는 형용사에 -ly를 붙여서 만들 수 있습니다.

예를 들면 beautiful에 -ly를 붙여서 beautifully(아름답게), nice에 -ly를 붙여서 nicely(멋지게), slow에 -ly를 붙여서 slowly(느리게, 늦게), new에 -ly를 붙여서 newly(새롭게)와 같이 됩니다.

이렇게 형용사에 -ly를 붙인 부사의 비교급·최상급은 전부 more, most를 붙여 more beautifully, most beautifully, more nicely, most nicely와 같이 more, most에 의해 변화합니다. 따라서 형용사와 같이 -er, -est를 붙이는 부사는 형용사가 그대로 부사로 사용되는 것으로 한정됩니다.

부사의 비교급·최상급은 형용사 비교표현과 같아 어려울 것은 없습니다. 또한 부사의 최상급에는 the를 붙여도 되지만 붙이지 않는 것이 일반적입니다.

(예) Bill can skate much faster than I can.
빌은 나보다 더 빠르게 스케이트를 탄다.

You have to study harder.
당신은 더 열심히 공부해야 해요.

John can skate fastest.

존이 가장 빨리 스케이트를 탄다.

Of the three, Martha sings most beautifully.

셋 중에서 마사가 가장 노래를 잘한다.

부사의 최상급 표현에서는 형용사의 최상급과는 달리 John can skate fastest of the three. 또는 John can skate fastest in my class.와 같이 문장 뒤에 of 나 in의 전치사구를 붙이는 것은 일반적이지 않습니다. 이런 경우에는 형용사의 최상급을 사용해서

John is the fastest skater in my class.

로 하는 것이 보통입니다. 단 위의 마지막 문장처럼 of the three(셋 중에서)가 문장 첫머리에 오는 것은 어색하지 않습니다.

Point 2 동등 비교

형용사와 같이 as ~ as를 사용하여 ~위치에 부사의 원급을 넣으면 'A는 B만큼 ~ 하다'가 됩니다. 일반적인 문형공식은 A does it as ~ as B.입니다.

(예) He can run as fast as Tom.

그는 톰만큼 빨리 달린다.

Can you skate as fast as John (can)?

당신은 존만큼 빨리 스케이트를 탈 수 있습니까?

as ~ as 구문이 부정문이 되면 앞의 as가 so로 바꿀 수도 있습니다.
⟨not so ~ as⟩

(예) Julie is as tall as Tom.

줄리는 톰만큼 키가 크다.

Julie is not as tall as Tom.

줄리는 톰만큼 키가 크지 않다. = not so tall as

Part 11 Exercise

1 다음의 영문을 읽고 의미를 말해 봅시다.

① He can skate much faster than Paul.

② I go to bed earliest on Sundays.

③ I come home earlier on Saturdays than on Mondays.

④ Jane can play the piano as beautifully as Emily.

2 다음의 ( ) 속의 말을 바르게 바꾸어서 말해 봅시다.

① He is the (good) skater of the three.

② I get up (early) on Mondays than on Sundays.

③ Of the three Tom studies (hard).

④ He can run much (fast) than I can.

3 다음의 영문을 읽고 질문에 대답해 봅시다.

| 보기 |

① Sun-sil gets up at six on Mondays. She gets up at six thirty on Saturdays. She gets up at eight on Sundays.

a. Does Sun-sil get up earlier on Mondays than on Saturdays?

b. When does she get up earliest?

c. Does she get up earlier on Sundays than on Saturdays?

| 보기 |

② Dong-soo likes English. He studies it very hard.
He studies it harder than math.

a. Does Dong-soo like English?

b. Which does he study harder, English or math?

c. Does he study math harder than English?

Answers

해답편

Part 1
17p

Unit 1

1. Do you like English?

2. Yes, I do. I like it.

3. Do you like math?

4. No, I don't. I don't like it.

Unit 2

1. Do you know that tall boy?

2. Yes, I do. I know him.

3. Do you know that tall girl?

4. No, I don't. I don't know her.

Unit 3

1. Do you study English every day?

2. Yes, I do. I study it every day.

3. Do you study math every day?

4. No, I don't. I don't study it every day.

5. What do you study every day?

6. I study English every day.

Unit 4

1. Do they speak English?

2. Yes, they do. They speak English.

3. Do they speak Korean?

4. No, they don't. They don't speak Korean.

5. What language do they speak?

6. They speak English.

Unit 5

1. Do you usually have a hamburger for lunch?

2. Yes, I do. I usually have a hamburger for lunch.

3. Do you usually have a ham sandwich for lunch?

4. No, I don't. I don't usually have a ham sandwich for lunch.

5. What do you usually have for lunch?

6. I usually have a hamburger for lunch.

Exercise

1. ① 나는 영어를 좋아합니다.

② 나는 저 키 큰 소녀를 압니다.

③ 당신은 영어를 매일 공부합니까?

④ 그들은 영어를 말합니다.

2. ① Do you know George? - Yes, I do. I know him.

② Do you study math very hard? - Yes, I do. I study it very hard.

③ Do you like science? - No, I don't. I don't like it.

④ Do they speak Korean? - No, they don't. They don't speak it.

3. ① What subject do you study hard? - I study English hard.

② What subject do you like? - I like science.

③ What languages do they speak? - They speak English and Korean.

④ What do you usually have for lunch? - I usually have a sandwich for lunch.

4. ① I don't study it hard.

② I don't know them very well.

③ They don't know her.

④ I don't know them.

Part 2
33 p

Unit 1

1. Does your sister play the piano?

2. Yes, she does. She plays the piano.

3. Does she play the violin?

4. No, she doesn't. She doesn't play the violin.

Unit 2

1. Does your little sister go to elementary school?

2. Yes, she does. She goes to elementary school.

3. Does your little sister go to senior high school?

4. No, she doesn't. She doesn't go to senior high school.

Unit 3

1. Does your father play golf?

2. Yes, he does. He plays golf.

3. Does your father play baseball?

4. No, he doesn't. He doesn't play baseball.

5. What does your father play?

6. He plays golf.

Unit 4

1. Do you clean your room on Sundays?

2. Yes, I do. I clean it on Sundays.

3. Do you play golf on Sundays?

4. No, I don't. I don't play golf on Sundays.

5. What do you do on Sundays?

6. I clean my room on Sundays.

Unit 5

1. Does your father read every night?

2. Yes, he does. He reads every night.

3. Does your mother read every night?

4. No, she doesn't. She doesn't read every night.

5. Who reads every night?

6. My father reads every night.

Unit 6

1. Does Mr. Miles teach English at your school?

2. Yes, he does. He teaches English at our school.

3. Does Mr. Miles teach science at your school?

4. No, he doesn't. He doesn't teach science at our school.

5. What does Mr. Miles teach at your school?

6. He teaches English at our school.

Unit 7

1. Do you come to school by subway?

2. Yes, I do. I come to school by subway.

3. Do you come to school by bus?

4. No, I don't. I don't come to school by bus.

5. How do you come to school?

6. I come to school by subway.

Unit 8

1. Do you live in Busan?

2. Yes, I do. I live in Busan.

3. Do you live in Seoul?

4. No, I don't. I don't live in Seoul.

5. Where do you live?

6. I live in Busan.

Unit 9

1. Are you from the United States?

2. Yes, I am. I'm from the United States.

3. Are you from Canada?

4. No, I'm not. I'm not from Canada.

5. Where are you from?

6. I'm from the United States.

7. What part of the United States are you from?

8. I'm from New York City.

Unit 10

1. Does this bus go to Myung-dong?

2. Yes, it does. It goes to Myung-dong.

3. Does this bus go to Shinsul-dong?

4. No, it doesn't. It doesn't go to Shinsul-dong.

5. Where does this bus go?

6. It goes to Myung-dong.

Exercise

1. ① a. Does your big sister go to college?

    b. Who goes to college?

② a. Does Mary play tennis?

    b. What sport does Mary play?

③ a. Does your uncle live in Suwon?

    b. Where does your uncle live?

④ a. Do you come to school by bus?

    b. How do you come to school?

2. ① What do you do (on) Mondays?

당신은 월요일에 무엇을 하나요?

② Does your little sister go (to) school?

당신의 여동생은 학교에 가나요?

③ Mr. Brown teaches English (at) our school.

브라운 씨는 우리 학교에서 영어를 가르칩니다.

④ (How) do you come to school?

당신은 학교에 어떻게 옵니까?

- I come to school (by) subway.

난 지하철로 다녀요.

⑤ (Where) do you live?

당신은 어디 사나요?

- I live (in) Seoul.

전 서울에 살아요.

Part 3   61p

Unit 1

1. Look at the board.

2. Read this sentence.

3. Sit down.

4. Write the sentence in your notebook.

Unit 2

1. a. Read the text again.

b. Please read the text again.

2. a. Write it in your notebook.

b. Please write it in your notebook.

3. a. Listen carefully.

b. Please listen carefully.

Unit 3

1. Be quiet.   **2.** Don't talk in class.

3. Be a good boy.   **4.** Be careful.

5. Don't look at the textbook.

Unit 4

1. Come down quickly.

2. Don't be noisy.

3. Don't talk in class.

4. Be quiet at the table.

Unit 5

1. Yes, let's.   **2.** Yes, let's.

3. Yes, let's.   **4.** Yes, let's.

Unit 6

1. Let's play the piano.

2. Let's go by train.

3. Let's not do that.

Unit 7

1. What a beautiful flower!

2. What a big ship!

3. What a kind girl!

4. What a tall man!

5. What a small radio!

Unit 8

1. How beautiful!   **2.** How small!

3. How big!

Exercise

1. ① Write your name on the board.

② Repeat after me.

③ Say that again.

④ Be quiet at the table.

2. ① Don't look at the textbook.

② Don't be noisy in class.

③ Don't be a bad boy.

④ Don't climb that tree.

3. ① Let's play baseball. - Yes, let's.

② Let's have lunch. - Yes, let's.

③ Let's make a sandwich. - Yes, let's.

④ Let's go on a picnic. - Yes, let's.

※ Yes, let's. 대신 O.K. 또는 All right로 해도 좋다.

5. ① What a cute puppy!

② How nice!

③ What a big ship!

④ How beautiful!

254

Part 4
83p

Unit 1

1. Is it six o'clock in the evening?

2. Yes, it is. It's six o'clock in the evening.

3. Is it six o'clock in the morning?

4. No, it isn't. It isn't six o'clock in the morning.

5. What time is it?

6. It's six o'clock in the evening.

Unit 2

1. ten twenty a.m.　**2.** three thirty-five p.m.

3. eleven eighteen a.m.　**4.** two-o-five p.m.

5. eight forty-five a.m.　**6.** twelve noon

Unit 3

1. nine twelve / twelve minutes after nine

2. eleven-o-three / three minutes after eleven

3. seven fifteen / a quarter after seven

4. eight thirty / half after eight

5. four forty-five / a quarter before five

6. ten fifty-five / five minutes before eleven

Unit 4

1. Do you have eight twenty?

2. Yes, I do. I have eight twenty.

3. Do you have eight thirty?

4. No, I don't. I don't have eight thirty.

5. What time do you have?

6. I have eight twenty.

Unit 5

1. Do you usually get up at six?

2. Yes, I do. I usually get up at six.

3. Do you usually get up at seven?

4. No, I don't. I don't usually get up at seven.

5. What time do you usually get up?

6. I usually get up at six.

Unit 6

① Do you usually have dinner at seven?

② Yes, we do. We usually have dinner at seven.

③ Do you usually have dinner at six?

④ No, we don't. We don't usually have dinner at six.

⑤ When do you have dinner?

⑥ We usually have dinner at seven.

Unit 7

① Do you watch television after dinner?

② Yes, I do. I watch television after dinner.

③ Do you watch television before dinner?

④ No, I don't. I don't watch television before dinner.

⑤ When do you watch television?

⑥ I watch television after dinner.

Unit 8

① Is your birthday is October 27?

② Yes, it is. It's October 27.

③ Is your birthday is October 28?

④ No, it isn't. It isn't October 28.

⑤ When is your birthday?

⑥ It's October 27.

Exercise

1. ① 8:14 a.m. (eight fourteen a.m.) /
fourteen minutes after eight in the morning.

② 2:45 p.m. (two forty-five p.m.) /
a quarter to three in the afternoon.

③ 3:30 p.m. (three thirty p.m.) /
half after three in the afternoon.

④ 10:15 a.m. (ten fifteen a.m.) /
a quarter after ten in the morning.

⑤ 9:04 a.m. (none-o-four a.m.) /
four minutes after nine in the morning.

⑥ 11:11 p.m.(eleven eleven p.m.) /
eleven minutes after eleven in the evening.

2. ① I usually get up at 6:30(six thirty) /

half before seven.

② I leave for school at 7:10(seven ten) / ten minutes after seven.

③ I get to school at 8:15(eight fifteen) / a quarter after eight.

④ It begins at 8:20(eight twenty) / twenty minutes after eight.

⑤ I go home at 3:45(three forty-five) / a quarter before four.

3. ① What time is it?

It's twelve minutes before four.

② What time is it by your watch?(What time do you have?)

I'm sorry, byt I don't have a watch.

③ Is it 10:15?

No, it's 10:17 by my watch. Your watch is two minutes slow.

④ What time[When] do you usually have dinner?

(We usually have dinner) at 6:45.

⑤ When is your birthday?

It's November 20.

Part 5   105p

Unit 1

1. There's a clock on the desk.

2. There's a ball under the desk.

3. There's a picture on the wall.

4. There's a chair by the desk.

Unit 2

1. Is there a post office around the corner?

2. Yes, there is. There's a post office around the corner.

3. Is there a bank around the corner?

4. No, there isn't. There is not a bank around the corner.

Unit 3

1. Are there a lot of fish in the pond?

2. Yes, there are. There are a lot of fish in the pond.

3. Are there any rowboats in the pond?

4. No, there aren't. There aren't any rowboats in the pond.

Unit 4

1. Are there a lot of students in your school?

2. Yes, there are. There are a lot of students in our school.

3. Are there any Canadian students in your school?

4. No, there aren't. There aren't any Canadian students in our school.

5. How many students are there in your school?

6. There are about five hundred students in our school.

Unit 5

1. Are you in the kitchen?

2. Yes, I am. I'm in the kitchen.

3. Are you in the living room?

4. No, I'm not. I'm not in the living room.

5. Where are you?

6. I'm in the kitchen

Unit 6

1. Is John at school?

2. Yes, he is. He's at school.

3. Is John at home?

4. No, he isn't. He isn't at home.

5. Where is John?

6. He's at school.

Unit 7

1. Is my lunch box on the table?

2. Yes, it is. It's on the table.

3. Is my lunch box under the table?

4. No, it isn't. It isn't under the table.

5. Where is my lunch box?

6. It's on the table.

Exercise

1. ① Is there a bank around the corner?

  ② Are there any fish in the pond?

  ③ Is there a magazine in the bag?

  ④ Are there any books on the bookshelf?

  ⑤ Is there a park near your house?

2. ① How many students are there in your class?

  ② How many dolls are there on the bookshelf?

  ③ Where is John?

  ④ Where is your father?

  ⑤ Where is my bag?

3. ① There are three.   ② Yes. there is.

  ③ Yes. there are (some).   ④ No, there isn't.

  ⑤ It's under the desk.

  ⑥ It's in front of the desk.

  ※ in front of '~의 앞에'

Part 6   127p

Unit 1

1. Can you speak English?

2. Yes, I can. I can speak English.

3. Can you speak French?

4. No, I can't. I can't speak French.

5. What languages can you speak?

6. I can speak Korean and English.

Unit 2

1. Can you ski?

2. Yes, I can. I can ski a little.

3. Can you skate?

4. No, I can't. I can't skate.

5. Can your sister ski?

6. Yes, she can. She can ski very well.

Unit 3

1. a. How can I get to the post office?

  b. Walk three blocks down this street and turn right.

2. a How can I get to the bank?

  b. Walk three blocks down this street and turn left.

3. a. How can I get to the station?

  b. Walk four blocks down this street and turn right.

4. a. How can I get to the city hall?

  b. Walk two blocks down this street and turn right.

Unit 4

1. May I come in?

2. May I speak English?

3. May I go home?

4. May I play baseball?

Unit 5

1. a. May I sit down?   b. Certainly.

2. a. May I go home?   b. Certainly.

3. a. May I come in?   b. Certainly.

4. a. May I look at my textbook?   b. Certainly.

Unit 6

1. a. Do you have to do your homework?

  b. Yes, I do. I have to do my homework.

2. a. Do you have to help your mother in the kitchen?

  b. Yes, I do. I have to help my mother in the kitchen.

3. a. Do you have to study English hard?

  b. Yes, I do. I have to study English hard.

Unit 7

1. Do I have to transfer at Green Hill?

2. Yes, you do. You have to transfer at Green Hill.

3. Do I have to get off at the next stop?

4. No, you don't. You don't have to get off at the next stop.

5. Where do I have to transfer?

6. You have to transfer at Green Hill.

Unit 8

1. Does your father have to work on Sundays?

2. Yes, he does. He has to work on Sundays.

3. Does your brother have to work on Sundays?

4. No, he doesn't. He doesn't have to work on Sundays.

5. Who has to work on Sundays?

6. My father does. My father has to work on Sundays.

Exercise

1. ① Can you ski?

　　② Do you have to study math today?

　　③ May I come in?

　　④ Can you skate?

　　⑤ Do you have to help your mother in the kitchen?

2. ① can't. have to, have to, have to

　　② May, Certainly, May, Certainly

Part 7 152p

Unit 1

1. Is Chan-ho listening to the radio?

2. Yes, he is. He's listening to the radio.

3. Is Chan-ho reading an English book?

4. No, he isn't. He isn't reading an English book.

5. Is Chan-ho studying English?

6. Yes, he is. He's studying English.

Unit 2

1. Are you doing your homework?

2. Yes, I am. I'm doing my homework.

3. Are you writing a letter?

4. No, I'm not. I'm not writing a letter.

Unit 3

1. Are they making beef stew?

2. Yes, they are. They are making beef stew.

3. Are they making pancakes?

4. No, they aren't. They aren't making pancakes.

5. What are they making?

6. They are making beef stew.

Unit 4

1. Are you going to school?

2. Yes, I am. I'm going to school.

3. Are you going to church?

4. No, I'm not. I'm not going to church.

5. Where are you going?

6. I'm going to school.

Unit 5

1. Is your father playing the piano?

2. Yes, he is. He's playing the piano.

3. Is your sister playing the piano?

4. No, she isn't. She isn't playing the piano.

5. Who is playing the piano?

6. My father is. My father is playing the piano.

Unit 6

1. Are you going to have a party at your home next Saturday evening?

2. Yes, we are. We're going to have a party at our home next Saturday evening.

3. Are you going to have a party at your home next Sunday evening?

4. No, we aren't. We aren't going to have a party at our home next Sunday evening.

5. When are you going to have a party at your home?

6. We're going to have a party at our home next

Saturday evening.

Unit 7

1. Are you going shopping at a department store?

2. Yes, I am. I'm going shopping at a department.

3. Are you going shopping at a supermarket?

4. No, I'm not. I'm not going shopping at a supermarket.

5. Where are you going shopping?

6. I'm going shopping at a department store.

Exercise

1. ① 지금 숙제하고 있어요? - 아뇨, 편지를 쓰고 있어요.

② 뭘 하고 있어요? - 우리 방을 청소하고 있어요.

③ 어디 가는 중이에요? - 학교에 가요.

2. ① a) Is Jin-woo reading an English book?

b) What are reading?

② a) Are you making pancakes?

b) What are making?

③ a) Are you going to the department store?

b) Where are you going?

④ a) Are you going to read three books tomorrow?

b) How many books are you going to read tomorrow?

3. ① What is Chan-ho doing?

He's listening to the radio in his room.

② What are you going to do next Sunday?

I'm going fishing in the river.

Part 8   175p

Unit 1

1. It's cloudy today.

2. It's raining today.

3. It's snowing today.

Unit 2

1. Is it cold in the winter in Korea?

2. Yes, it is. It's cold in the winter in Korea.

3. Is it cold in the spring in Korea?

4. No, it isn't. It isn't cold in the spring in Korea.

5. When is it cold in Korea?

6. It's cold in the winter in Korea.

Unit 3

1. March (the) third

2. May (the) fifth

3. August (the) twenty-first

4. October (the) twelfth

5. December (the) twenty-fifth (or Christmas Day)

6. January (the) first (or New Year's Day)

7. April (the) sixteenth

8. February (the) eighth

9. June (the) sixth

10. July (the) fourth

11. September (the) twentieth

12. November (the) ninth

Exercise

1. ① 오늘 아침 날씨 어때요? - 비가 오고 있어요.

② 캐나다의 겨울은 춥습니까? - 예, 매우 춥습니다.

③ 오늘 덥군요. - 예, 매우 덥군요. 나는 여름이 싫어요.

2. ① it's   ② out   ③ months

3. ① February (the) eighteenth [Feb. 18]

② May (the) twentieth [May 20]

③ August (the) eighth [Aug. 8]

④ October (the) thirtieth [Oct. 30]

⑤ December (the) fifth [Dec. 5]

4. ① one hundred (and) forty-eight

② two hundred (and) six

③ nine hundred (and) eighty-nine

④ one thousand two hundred (and) eight

⑤ six thousand five hundred (and) thirty-two

Part 9

187p

Unit 1

1. Are you thirteen years old?
2. Yes, I am. I'm thirteen years old.
3. Are you fourteen years old?
4. No, I'm not. I'm not fourteen years old.
5. How old are you?
6. I'm thirteen years old.

Unit 2

1. Are you older than I am?
2. Yes, I am. I'm older than you are.
3. Are you younger than I am?
4. No, I'm not. I'm not younger than you are.
5. How many years older than I are you?
6. I'm two years older than you are.

Unit 3

1. Are you five centimeters taller than I?
2. Yes, I am. I'm five centimeters taller than you.
3. Are you four centimeters taller than I?
4. No, I'm not. I'm not four centimeters taller than you.
5. How many centimeters taller than I are you?
6. I'm five centimeters taller than you.

Unit 4

1. Is Betty taller than Emily?
2. Yes, she is. She's taller than Emily.
3. Is Emily taller than Betty?
4. No, she isn't. She isn't taller than Betty.
5. Who's taller, Betty or Emily?
6. Betty is taller than Emily.

Unit 5

1. Is Britain smaller than the United States?
2. Yes, it is. It's much smaller than the United States.
3. Is Canada smaller than the United States?
4. No, it isn't. It isn't smaller than the United States.
5. Is Korea smaller than the United States?
6. Yes, it is. It's much smaller than the United States.

Unit 6

1. Are you the oldest of the three?
2. Yes, I am. I'm the oldest of the three.
3. Is Tom the oldest of the three?
4. No, he isn't. He isn't the oldest of the three.
5. Who's the oldest of the three?
6. I'm the oldest of the three.

Unit 7

1. Is George the tallest boy in your class?
2. Yes, he is. He's the tallest boy in our class.
3. Are you the tallest boy in your class?
4. No, I'm not. I'm not the tallest boy in our class.
5. Who's the tallest boy in your class?
6. George is the tallest boy in our class.

Unit 8

1. Are the red tulips more beautiful than the yellow ones?
2. Yes, they are. They are more beautiful than the yellow ones.
3. Are the white tulips more beautiful than the yellow ones?
4. No, they aren't. They aren't more beautiful than the yellow ones.
5. Which tulips are the most beautiful?
6. The red tulips are the most beautiful.

Exercise

1. ① 톰은 13살입니다.
   ② 당신은 몇 살입니까? - 11살입니다.
   ③ 아버지는 연세가 어떻게 됩니까? - 41세입니다.
   ④ 메리는 언니보다 3살 어립니다.

⑤ 나는 당신보다 4센티미터 키가 큽니다.

⑥ 언니와 나는 키가 비슷합니다.

⑦ 한국은 캐나다보다 매우 작습니다.

2. ① How old are you?

② How tall are you?

③ Am I taller than you?

④ Who is younger, Sun-hee or Mi-ra?

⑤ Which is smaller, Korea or the United States?

⑥ Which tulips are the most beautiful of all?

⑦ How many years than I are you?

⑧ Who is the tallest boy in your class?

3. ① bigger

② younger

③ shorter

④ most beautiful

⑤ prettier

Part 10

217p

Unit 1

1. Are you as tall as Mike?

2. Yes, I am. I'm as tall as Mike.

3. Are you taller than Mike?

4. No, I'm not. I'm not taller than Mike.

5. Are you and Mike the same height?

6. Yes, we are. I'm as tall as Mike.

Unit 2

1. a. Tom is not as tall as Alice.

b. Tom is shorter than Alice.

2. a. My dog is not as big as yours.

b. My dog is smaller than yours.

3. a. My pencil is not as long as yours.

b. My pencil is shorter than yours.

Unit 3

1. Is George's plan good?

2. Yes, it is. It's good.

3. Is George's plan better than yours?

4. Yes, it is. It's better than mine.

5. Is George's plan the best of the three?

6. Yes, it is. It's the best of the three.

Unit 4

1. Are you worse at Korean than at English?

2. Yes, I am. I'm worse at Korean than at English.

3. Are you better at Korean than at English?

4. No, I'm not. I'm worse at Korean than at English.

Unit 5

1. Do you like history?

2. Yes, I do. I like it.

3. Do you like history better than English?

4. Yes, I do. I like history better than English.

5. Do you like history best of all your subjects?

6. Yes, I do. I like it best of all my subjects.

Unit 6

1. Does Sun-hee speak English very well?

2. Yes, she does. She speaks it very well.

3. Does Sun-hee speak English better than you do?

4. Yes, she does. She speaks it better than I do.

5. Who speaks English best?

6. Sun-hee speaks it best.

Exercise

1. ① 당신은 존 만큼 키가 크다.

② 제인과 나는 나이가 같다.

③ 미국은 캐나다 만큼 크지 않다.

④ 이 사전은 저 사전보다 좋다.

⑤ 당신 계획이 다섯 가지 중에 가장 좋다.

⑥ 가장 성적이 나쁜 과목이 무엇입니까?

⑦ 사과와 배 중에 어느 것을 더 좋아합니까?

- 사과를 더 좋아합니다.

⑧ 선희보다 당신이 바이올린을 더 잘 연주하는군요.

2. ① John is younger than Bill.

② My radio is bigger[larger] than yours.

③ Our school is older than yours.

④ I'm not as tall as you.

⑤ The white dog is not as old as the black one.

3. ① Ted is.

② No, he isn't.

③ Yes, he is.

Part 11
237p

Unit 1

1. Can Bill skate very fast?

2. Yes, he can. He can skate very fast.

3. Can Bill skate much faster than you can?

4. Yes, he can. He can skate much faster than I can.

5. Who can skate fastest?

6. John can skate fastest.

Unit 2

1. Do you get up early every weekday?

2. Yes, I do. I get up early every weekday.

3. Do you get up earlier on Saturdays?

4. Yes, I do. I get up earlier on Saturdays.

5. When do you get up earliest?

6. I get up earliest on Sundays.

Unit 3

1. Do I have to study harder?

2. Yes, you do. You have to study harder.

3. Do I have to study math hardest?

4. Yes, you do. You have to study math hardest.

5. What do I have to study hardest?

6. You have to study math hardest.

Unit 4

1. Does Lucy sing more beautifully than Mary

does?

2. Yes, she does. She sings more beautifully than Mary does.

3. Does Lucy sing most beautifully?

4. No, she doesn't. She doesn't sing most beautifully.

5. Who sings most beautifully?

6. Martha sings most beautifully.

Unit 5

1. Can John run as fast as Tom?

2. Yes, he can. He can run as fast as Tom.

3. Can you run as fast as Tom?

4. No, I can't. I can't run as fast as Tom.

5. Who can run as fast as Tom?

6. John can run as fast as Tom.

Exercise

1. ① 그는 폴보다 더욱 빠르게 스케이트를 탑니다.

② 나는 일요일에는 가장 일찍 잡니다.

③ 나는 월요일보다 토요일에 더 일찍 집에 옵니다.

④ 제인은 에밀리만큼 피아노를 잘 칩니다.

2. ① best

② earlier

③ hardest

④ faster

3. ① a) Yes, she does.

b) She gets up earliest on Mondays.

c) No, she doesn't.

② a) Yes, he does.

b) He studies English harder.

c) No, he doesn't.